大教至简

任小巍◎著

养育人格
健康强大的孩子

作家出版社

在孩子面前

请保持谦逊

放下我们

那种强烈的

想要教育、引导、纠正孩子的念头

◐

别用我们

有限的认知

困住孩子

无限的可能

◐

他们的明天

属于

我们连做梦

都到达不了的未来

序

有一次我去剪头发，理发店很小很简易，是一对夫妻开的，当时正是下午 6 点左右，他们七八岁的儿子从外面回来，我想应该是到了家长和孩子约定的写作业时间，因为孩子一回来，妈妈就跟在孩子身后进了后面的屋里，孩子坐在书桌前拿出了作业开始写，妈妈则搬了一把小圆凳坐在侧后方看着孩子写。

不一会儿，妈妈开始给孩子讲题，我想应该是孩子遇到了不会写的题目，具体讲的内容我忘记了，但是却清晰记得妈妈的音调越来越高，最后两人争吵了起来，妈妈从后面的屋里气呼呼地走了出来，不讲了。

很多有孩子的家庭都经常上演类似的情景，真是应了那句话：不写作业母慈子孝，一写作业鸡飞狗跳。

家长多重视孩子的教育啊，放下手中的事情用心地陪孩子写作业，孩子不会的家长还亲自讲，多用心啊。不仅如此，很多家长在孩子的教育上还舍得大把花钱，给孩子报价格不菲的课外班，把孩子送进学费高昂的私立学校，甚至勒紧裤腰带为孩子买学区房。

可是，为什么很多家长为孩子的教育掏心掏肺地花了这么多精力、花了这么多钱，效果却并不如意呢？是因为孩子本身就不是这块料吗？

当然不是。简·尼尔森在《正面管教》中说：如果你在教育孩子的过程中感到越来越吃力，那一定是方法用错了。

欢迎你走进这本书，我希望这本书能一扫你以往在教育孩子过程中的焦虑、无奈、无助和失落，帮你打开一扇窗，看到孩子的教育原来并不一定是严肃的、辛苦的、吃力不讨好的，而完全可以是一件简单、轻松而快乐的事情，我们怡然自得北窗高卧，而孩子呢，已如梅花般悄然绽放。

目 录

以人格培养为核心目标

亲子关系中的加法

第 1 节　接纳 ...014

第 2 节　欣赏 ...028

第 3 节　陪伴 ...041

第 4 节　相信 ...052

第 5 节　尊重 ...063

第 6 节　界限 ...076

亲子关系中的减法

第 1 节　不越界 ...086

第 2 节　不着急 ...099

第 3 节　不期待 ...108

第 4 节　不对比 ...116

第 5 节　不指责 ...123

第 6 节　不奖罚 ...134

小　结 ...145

阅读
第 1 节　阅读的重要性 ...150

第 2 节　培养阅读兴趣 ...160

第 3 节　避开阅读的坑 ...169

夫妻关系

做好榜样

情绪管理

专题分析
专题一：学习 ...219

专题二：玩手机 ...231

专题三：性教育 ...242

专题四：财商教育 ...247

专题五：叛逆 ...252

专题六：隔代养育 ...255

专题七：二胎及多胎养育 ...259

专题八：习惯 ...265

专题九：家校共育 ...269

常见问题答疑

问题一：不同的教育观点，该信谁的？ ...274

问题二：要逼孩子参与活动吗？ ...277

问题三：两岁孩子爱打人怎么办？ ...280

问题四：孩子被强势者欺负怎么办？ ...282

问题五：如何激发孩子学习的内驱力？ ...286

问题六：孩子动手打妈妈怎么办？ ...288

问题七：要限制孩子看漫画书吗？ ...292

问题八：需要让孩子"自己的事情自己干"吗？ ...294

问题九：别人培养学霸的经验可以借鉴吗？ ...297

问题十：要不要给孩子报辅导班？ ...299

结　语 ...303

致　谢 ...305

01

以人格培养
为核心目标

取得成就只不过是人格健康的附属品而已。

——曾奇峰

  家庭教育的内容纷繁复杂，涉及孩子成长的方方面面，如安全感、敏感期、文化课学习、情绪管理、玩手机、性教育，等等。如何从容应对如此复杂多变而又无比重要的课题，让家庭教育有章可循？作为家长的我们要学会应用第一性原理，从本质上理解家庭教育的核心目标，并紧抓这一核心目标，以不变应万变。

  一切围绕目标来，我们就不会走错方向、偏离正轨，更不会被大环境"卷走"。否则，我们很可能失去家庭教育的主动权而成为孩子的救火员，比如孩子不写作业时我们一遍遍催，玩手机时间久了我们又和他争抢手机，周六日又因为不愿意起床上课外班的事而和孩子发生冲突……如此东一榔头西一棒槌，毫无章法可言，付出了很多却收效甚微。

  所以，家庭教育的核心目标是什么，这是一个我们必须明确的最重要的问题，而要搞清楚这一问题，我们需要从孩子由小到大所接受的各种教育说起。

  我们知道，每个孩子在成长过程中都要接受家庭教育、学校教育和社会教育，这三种教育分工不同，各自的主要目标当然也不一样。

学校教育的主要目标，是传授学生科学文化知识。所以学校才会分不同的学科，通过上课的方式给学生讲授知识，通过考试的方式检测学生的学习效果，这些都为学校教育的主要目标服务。正因如此，即便当下我国高喊减负和素质教育，但学校仍以考试成绩作为评判学生的主要依据。

社会教育的主要目标，是培养孩子的各种社会能力。比如我们给孩子报名参加夏令营，给孩子报"演讲与口才"等兴趣班，都是以兴趣或者特长为切入点，提高孩子的某些社会能力，从而让孩子将来可以更好地融入社会、适应社会。

那么，家庭教育的核心目标是什么？

一些家长认为是帮助孩子取得好的学习成绩、将来考取好的大学从而拥有更光明的前程，于是这些家长把自己的主要教育精力用在了孩子的文化课学习上，比如陪孩子写作业，亲自给孩子讲每一道不会做的题目，让孩子牺牲玩耍的时间去上各种课外辅导班，当孩子并不像自己希望的那样努力、成绩不如意时就控制不住地冲孩子发脾气。

一些家长认为是培养孩子的良好习惯，包括各种行为习惯和学习习惯。行为习惯方面，比如早睡早起、讲究卫生、见了长辈要问好、玩过的玩具要收拾整齐等；学习习惯方面，比如提前预习、认真听讲、先写作业再玩等。

也有一些家长认为家庭教育的主要目标是培养孩子的各种能力，这种说法最近比较流行，尤其是所谓的"底层能力"，比如学习能力、创新能力、情绪管理能力、人际交往能力、自控力等。

当然了，还有很多家长从来没有想过这个问题，只知道自己给孩子的教育是家庭教育、家庭教育很重要，但是家庭教育的目标是什么呢？不知道，没想过。

如果我们的目标有问题、出现偏差，甚至没有目标，那么，结果出现问题就再正常不过了。学习成绩、习惯和能力固然重要，但这些观点都没有说到家庭教育的本质上，如果我们以此作为家庭教育的核心目标，孩子八成是会出问题的。

家庭教育的核心目标，是培养孩子健康的人格。作为家长，我们在家庭教育中有所为有所不为，都应该以这一核心目标为评判依据：有利于孩子人格健康发展的，我们要努力做好；对孩子的人格发展不利的，我们要尽量避免；与孩子的人格发展不太相关的，我们则不必斤斤计较、投入太多精力，甚至和孩子拧巴、较劲。

很多人可能觉得"人格"这个词太虚了、不够实际，所以我有必要做一个简单的解释。心理学对人格的定义大概是：一个人在对人、对事、对己的思想行为中所表现出来的稳定的心理特征。

对人：一个人怎样对待他人、怎样与他人相处，是诚实的，还是虚伪的；是友爱的善良的，还是冷漠的阴险的；是大方的包容的，还是吝啬的刻薄的，等等，这讲的是"为人"，也就是一个人的道德观。

对事：一个人怎样对待自己要做的事情，是积极进取的，还是消极应付的；遇到困难是始终坚定努力的，还是容易放弃退缩的；是喜欢主动探索，还是只等被动接受，这讲的是"做事"，也就是一个人做事的心态。

对己：一个人怎样看待、对待自己，内心是快乐的幸福的，还是痛苦的无望的；是充盈的满足的，还是空虚的贪婪的；是自信自爱，还是自卑自负，这讲的是一个人的幸福感。

如果孩子成长出健康的人格，他就既拥有真诚善良的道德观，又拥有积极乐观的做事心态，而且他的内心还很自信幸福，那么，根本不必家长操心，他上学时一定会努力学习并取得好的成绩，工作后一定会找到自己认为有价值的事业并为之努力奋斗从而有所作为，成家后一定会好好爱护爱人和孩子、生活幸福。

这不就是我们家长的愿望吗？我们不就希望孩子家庭幸福、事业有成吗？孩子只要拥有了健康的人格，这些都将成为水到渠成自然而然的事，根本不需要我们家长一直推着他、盯着他、教育他、引导他。

就像我国著名精神分析心理学家曾奇峰老师所说：取得成就只不过是人格健康的附属品而已。蔡元培先生在《中国人的修养》一书中也说过类似的话：决定孩子一生的不是学习成绩，而是健全的人格修养。

为什么我们常说家庭教育是学校教育和社会教育的基础，就是因为家庭教育培养的是孩子的人格，影响的也是孩子的人格，而人格又是一个人最重要的生命底色，决定了他方方面面的表现。

家庭教育做得好，孩子的人格健康而强大，那么他在接受学校教育和社会教育时，就自然容易取得好的成效。如果家庭教育没有做好，孩子在人格方面就很可能出现问题，比如做事消极、对人不够友好、内心痛苦不自信等，那么这个孩子无论接受多好的学校教育和社会教育可能都无济于事。

现在，你明白为什么家庭教育的核心目标是培养孩子健康的人格了吧！人格是比知识、成绩、能力、习惯更重要的生命底色，我们学的知识、掌握的能力、拥有的习惯，也只有在人格健康的前提下，才能发挥最大价值。

如果我们的家庭教育偏离了这一核心目标，就很可能好心办坏事，比如很多家长把家庭教育的核心目标放在孩子的学习上，每天辛辛苦苦陪孩子写作业、给孩子讲题、纠正孩子的学习习惯，但孩子的学习情况却越来越糟糕。

举个例子，一位学员给我反馈说（本书所有案例均来自学员的真实反馈）：

有一天下班回来，吃完饭我带着小宝、大宝与家人打牌，不亦乐乎。9点左右我问大宝今天练字打卡了没，他回答"没有"，我当时一听，气就不打一处来，一下子火就燃烧起来，然后发现他练字是随便找了一张纸写的，没有按我的要求写在书写纸上，我拿起来就给撕了。这时我发现儿子眼泪在转圈，他没有大声哭出来，而是默默地拿书写纸重新写，后来完成打卡任务。那天我没有及时安抚大宝的情绪，因为我也有情绪，内心觉得天天提醒他练好字，为啥他就是不上心呢？

然而，练字这件事对孩子的一生很重要吗？孩子在家长要求的书写纸上练字对孩子的一生很重要吗？很多人字写得很差，但是照样事业有成、生活幸福呀，可见这并不是一件很重要的事，我们没有必要在这件事上投入太多精力。

家庭教育的核心目标是培养孩子健康的人格，所以，其他一些与人格不太相关的事情，就显得不再那么重要。我们没有必要揪着不放，在这些事情上和孩子较劲，比如每天让孩子认真练字，孩子很小就强迫他背古诗，放学后要求必须先写完作业才能玩，每个星期玩手机不能超过几次、每次不能超过多少分钟，考试必须考多少分，做了错事必须道歉，见了叔叔阿姨必须问好，等等。

如果我们总是在这些不影响孩子人格成长的事情上和孩子拧巴、较劲，那么孩子的人格很可能就会受到破坏。为什么呢？这和人格的形成有关。

人格如何形成

人格是如何形成的？心理学三大学派之一的精神分析学派给出了明确的答案：一个人的人格在与父母的亲子关系当中形成，好的亲子关系，孩子就成长出健康、强大的人格；差的亲子关系，孩子就形成糟糕、缺陷的人格。

这就是为什么所有家庭教育专家都在强调亲子关系的重要性，因为亲子关系的好坏决定了孩子的人格是否健康，而取得成就只不过是人格健康的附属品。

当然很多家长在孩子还小的时候，觉得自己和孩子的关系很好、没问题。但是，如果你总是因为一些事情为难孩子、和孩子较劲，比如，孩子哭的时候你经常对他说"不许哭"、让他憋回去；强迫他把玩具分享给朋友；要求他必须洗澡；总是插手他的作业，甚至盯着他写；给他讲题，讲不明白还骂他几句；孩子写作业时一遍遍要求坐姿要端正、握笔要正确；总在手机使用方面和孩子发生冲突；等等，这些，都是亲子关系可能会变坏的隐患，是需要引起警觉的。

为什么很多家长在教养孩子上投入了巨大的精力和财力，但孩子的成长和表现却并不如意，甚至抑郁、厌学、叛逆、玩手机成瘾？很可能是因为家长在这些不重要的事情上非要和孩子拧巴，导致亲子关系被破坏，伤害到了孩子的人格。

除了亲子关系对孩子的人格有影响，还有一项，那就是阅读。亲子关系形成人格，阅读滋养人格。

一个人在成长过程中，除了接受家庭教育、学校教育和社会教育，还要进行自我教育，而且年龄越大，自我教育所占比重越大。而阅读，则是自我教育最重要的途径。

一个孩子（人）读过的文字，阅读时体会到的情感，合上书本后内心的回味，一定会悄无声息地滋润、滋养他的人格。孩子的阅读量越大，阅读的范围越广阔，阅读的时间越长，他的人格也一定越饱满、越健康、越强大。

所以，家长对孩子阅读兴趣的培养和支持也就显得尤其重要，我们要把阅读这件事高度重视起来，这比课外辅导班、兴趣班、重点学校、学区房，甚至一些没有意义的家庭作业都重要得多。宁可不让孩子上那些课外班，少写一些没必要的作业，也不能错过对孩子阅读兴趣的培养。我现在越来越认同这句话：人是精神食粮的产物。精神食粮从哪里来？当然是阅读了。

苏联教育家苏霍姆林斯基曾说：一个不爱阅读的孩子，是学习上潜在的差生。阅读太重要了，如果你重视孩子的教育，却不愿花些时间和精力培养孩子的阅读兴趣，就相当于天天喊减肥却不运动一样，很难取得成果。

以培养孩子健康的人格为目标，通过亲子关系和阅读这两条路径达成该目标，就是我们做好家庭教育的"总指挥"。本书的内容，也会以此为逻辑框架展开，详细阐述如何与孩子建立良好、美妙的亲子关系，如何帮孩子推开阅读世界的大门并带领孩子进入，从而使孩子受用终生。

当然，要想在这两条路上走得稳，还需要有三个前提条件，那就是夫妻关系和谐，给孩子做好榜样，以及家长做好自己的情绪管理，这些也都是本书所要涉及的内容，我会逐一详细阐述。

如此一来，我们对孩子的教育就有了章法，就不会被"卷"进去，不会因为看到别的家长给孩子报了各种线上课线下班而着急，也不会因为孩子一时的成绩不理想而焦虑，更不会因为孩子不听我们的话而大发脾气。因为我们有了"总指挥"，"总指挥"就如定海神针般稳住了我们的心，因为我们知道：取得成就只不过是人格健康的附属品而已；决定孩子一生的不是学习成绩，而是健全的人格修养。

+ 总 结 +

家庭教育的核心目标是培养孩子健康的人格，而人格在亲子关系中形成、在阅读中被滋养，所以，我们想要教育好孩子，就应该在亲子关系和阅读上发力，有利于这两点的我们努力做好，不利于这两点的我们小心避免，和这两点不相关的我们则不必太过用力。

回顾与思考

以前对孩子的教育过程中，你的目标是什么？你同意"家庭教育的核心目标是培养孩子健康的人格"这一观点吗？如果健康的人格是最重要的，那么哪些事情可能并不重要，但是你之前却非常看重，总和孩子在这上面较劲呢？

_____

_____

_____

02

亲子关系中的加法

第 1 节　接纳

第 2 节　欣赏

第 3 节　陪伴

第 4 节　相信

第 5 节　尊重

第 6 节　界限

> 亲子关系对孩子的影响最大，亲子关系一旦有所缺失，会对孩子的人格造成最为严重的创伤。
>
> ——卡尔·荣格

通过上一章的内容我们知道，家庭教育的核心目标是培养孩子健康的人格，而人格是在亲子关系中形成的，正如我国著名家庭教育专家孙云晓老师所说："如果有人问我，你能否用一句话说出家庭教育的关键？那么，我会这样回答：亲子关系好坏决定家庭教育成败。"所以，培养孩子健康的人格是我们的目标，而亲子关系建设就是我们实现这一目标的关键途径。

然而，我们却常常为了所谓的教育孩子或有意或无意地破坏亲子关系，比如下面这个案例：

我儿子多米有一个好朋友，这位小朋友五六岁时养了一只乌龟，同时还养了一些蚕。一天早上，爸爸建议他拿一只蚕喂乌龟，看看乌龟吃不吃，孩子也觉得有趣，于是就捉来一只蚕，放到养乌龟的鱼缸里。

乌龟并没有吃，蚕就在水里挣扎，眼看要淹死了，孩子对爸爸说，把蚕捞起来吧，要不一会儿死了好心疼。爸爸问孩子为什么不自己捞，孩子说水太脏了，爸爸说你必须克服心中对脏水的恐惧，要求孩子自己捞。孩子不敢，于是父子两个就僵持起来，僵持了好一会儿，演化成了父子二人激烈的对抗。最后，爸爸居然抓着孩子的手使劲按到了水里，孩子拼命抵挡，撕心裂肺地哇哇大哭，但都无济于事。

这就是典型的家庭教育中的好心办坏事，不知道这个孩子对脏水的恐惧有没有克服掉，但可以肯定的是，这样的事情会破坏亲子关系。

而破坏了亲子关系，就太不值当了，因为它会影响孩子的人格。李雪在《当我遇见一个人》一书中说："除了行为主义，几乎各心理学流派都研究出同一个结果：孩子通过内化与父母的各种情感关系来学习成长。所谓的'人格'，就是孩子与父母的各种情感关系内化到心里，形成以后的性格，决定一生的命运。"

作为家长，我们如何与孩子建立良好的亲子关系呢？我会从正反两方面阐述。正面是我们家长应该做什么，比如：接纳、欣赏、陪伴、相信、尊重、界限，这些关键词是亲子关系建设的加分项，我们要努力做到位；反面是家长不应该做什么，也就是不搞破坏，比如：越界、着急、期待、对比、指责、奖罚，这些关键词是亲子关系的减分项，我们要尽量避免。

上述这些关键词是我们与孩子一起生活、相处的原则，我们要把这些原则应用在孩子成长过程中的方方面面，比如吃饭、穿衣服、玩耍、报兴趣班、写作业、社交、玩手机等。正是因为这一件件日常小事，我们才得以和孩子建立美好的亲子关系；也正是因为这一件件日常小事，导致我们和孩子的关系糟糕透顶。

接下来我将通过两章、十二节的篇幅，详细阐述这十二个关键词。这十二个关键词做好了，我们和孩子的亲子关系一定非常美好，孩子在这样美好的亲子关系中，也会顺利成长出健康而强大的人格。

第1节　接纳

放下那种热烈地想要教育、纠正、改造孩子的念头，先去无条件接纳他。

面对孩子，我们家长往往有"我一定要教育好我的孩子"这样的宏愿。其实孩子首先需要的并不是我们的教育和引导，而是我们的接纳。"接纳"是亲子关系的第一关键词，没有接纳，就没有美好的亲子关系，更谈不上教育。

何谓接纳？比如很多家长觉得孩子内向，总想着让孩子变得外向一些，这就是不接纳，接纳则是：孩子你想外向就外向，想内向就内向，都很好，只要做你自己就好。允许孩子最本然的状态，不因为觉得他不对、不好而去改造他、纠正他，这就是接纳。

当我们全然接纳，不再总是因为自己头脑中的好坏对错而指导、纠正、改造孩子，就是给了孩子最适宜的成长环境，亲子关系会因此而更加牢固。父母看待孩子时，如果看到的总是一个个需要被纠正的问题，那么孩子一生的悲剧就已注定。

那么，我们如何才能做到真正接纳自己的孩子呢？我总结了以下四点。

一、接纳孩子的天性

有些孩子天性外向，与谁都能玩到一起，有些孩子天性内向，喜欢独处；有些孩子是急性子，做事情风风火火，有些孩子是慢性子，做事情慢条斯理；有些孩子喜欢画画，有些孩子喜欢音乐，有些孩子喜欢运动，有些孩子这些都不喜欢……

孩子的这些天性没有好坏对错之分，也没有优秀平庸之别，只是不同的天性而已。我们不要觉得"这样不好那样好"，不刻意地改造、教育，即是接纳孩子的天性。

然而很多家长却总有想要改变孩子天性的念头，比如下面这个案例：

我家孩子平时各项表现都蛮好的，就是内向不表达，甚至上课不发言。本来我也觉得应该接纳他，但是最近的几件事改变了我的想法，我甚至想改造一下他的性格。

第一件事：他们班前段时间新换来一位数学老师，第一次考试完这位数学老师给我留言说，我家孩子考试考了一百分，让他觉得很意外。这说明孩子上课还是认真听的，但是不积极发言，所以让老师误以为他不认真上课。

第二件事：我们这学期给孩子报了编程课，学期结束老师来找我，说孩子上课发言很少，老师觉得孩子要么是不会，要么就是不喜欢，所以让我问一问孩子后面是否继续学。我立刻感觉到孩子的内敛已经影响到了他，因为孩子回来跟我讲很喜欢这个课要继续上，平时题目对他来说都不难，基本上都会，只是因为一个班几十个孩子，老师感受不到。

老师如果判断不准学生的学习状态，这应该是老师的"失职"，而不应该归因于学生太内敛。是金子总会发光的，并非通过一次考试老师就能认清孩子的真实水平，我们又何必为了让老师发现而刻意改造孩子的性格呢？

况且人的天性是无法被改变的，我们最多是在接纳的基础上给孩子一些建议，比如说：妈妈发现你的内敛已经影响到了老师对你的了解，以后你要不要在课上和老师多一些互动？这样一点点建议、提醒即可，而不是想着要"改造一下他的性格"。

孩子的天性本无好坏之分，在有些情况下是劣势，另一些情况下可能就成了优势，明白了这一点，有助于我们对孩子天性的接纳，而我们对孩子的接纳是有助于孩子成长的。我们看下面这个案例：

我家哥哥是慢性子，而我又是急性子，所以一看到他要花比别人多一倍甚至两倍的时间去做同样的事，我就会很急躁，会指责和埋怨他，急起来了甚至会打骂他，我越急他越紧张就越慢。后来发现他不管是做作业还是干别的，都特别慢。

有一次看他给种子盖保鲜膜，仔仔细细，反反复复，特别专注的样子，我也许两三下就盖好了，而他却用了好几分钟。当时我就突然觉得，这也是他的一个优点，不急不躁，精益求精，虽然没有表现在作业上，但这是他的个性，我再急也没有用。

所以到后来，我就接受了他"慢"这件事，以前因为周末一篇作文要写半天甚至一天我会指责和埋怨，后来就不会了，让他慢慢写，只要写完了就好。我不在意这件事情以后，他反而速度比以前快多了。

就像这个案例中的孩子慢性子一样，其实在我们看来孩子的缺点并不永远是缺点，换一个角度看，原来的缺点就成了优点，比如有些家长觉得孩子胆小，但换一个角度看是孩子谨慎，缺点就成了优点。所有孩子的特点都是这样，在一些情况下是缺点，在另一些情况下就成了优点。

一次我和朋友聊天，聊到了孩子的事，她说最近特着急，因为孩子不高，挺矮的，所以又是逼着孩子早睡，又是逼着孩子运动，还计划着给孩子去医院打生长激素。

其实我儿子多米也很矮，读幼儿园时在他们班里所有男生中倒数第二，但这就是孩子的天性啊。身高最主要是由基因决定的，虽然睡眠、运动、营养、情绪等后天因素会有一些影响，但影响并不大，如果我们连孩子的身高矮一些都接纳不了，整天因为这事折腾孩子，怎么能有好的亲子关系呢？

当然了，如果我们能用比较愉悦的、孩子更喜欢的方式调动起孩子的积极性，从而保证充足的睡眠和适量的运动，这非常好，但这需要我们根据孩子的情况开动脑筋想办法，而不是一味地逼孩子早睡、逼孩子运动。我们要在接纳孩子身高的前提下，适当调动即可。

她家是两个女儿，和她聊完身高的事，我又问她：你嫌人家的身高，是不是也嫌人家是一个女孩？她不好意思地笑了，说是的。

有一些学员给我说接受不了孩子太有主见、闹腾、调皮，还有一些学员则无法接受孩子不爱和别人玩、太安静、见人不打招呼。

各位家长朋友，这些都是孩子的天性呀，我们首先要接纳孩子的这些天性，正是这些独特的天性塑造了我们眼前这个全世界独一无二的孩子。

二、接纳孩子的错误

我们要允许孩子出错，甚至允许同样的错误犯好几次，当孩子出差错时，我们在心里告诉自己这很正常，不必总是严肃处理，这就是接纳孩子的错误。

比如孩子不小心打碎了一个碗，甚至把家里的电视机弄坏了，告诉孩子"没事，别害怕，妈妈知道你不是故意的，你不用担心"。

孩子出错，这太正常不过了，他们需要在不断地犯错误、"栽跟头"中学习体会、总结经验，即便家长什么话都不说，孩子也会有所收获，经历错误和失败是孩子成长的必要之路，就像想要学会走路必然会摔倒很多次一样。如果家长总是在孩子出错后介入，甚至批评指责，这就是对孩子的不接纳，除了破坏你们的亲子关系，还会阻碍孩子的正常学习成长。

我们看两个学员反馈给我的案例：

现在终于反应过来，为什么孩子在家里不愿意做家务了。因为孩子很小的时候，有一次我在擦窗台，孩子就拿水盆过来想跟我一起擦，结果走路不稳，水洒得到处都是。因为我家是木地板，我很心疼，也很烦，当时就朝孩子吼："你看看你洒了一地，给我滚一边去！"孩子当时没有哭，只是怔住了。现在想想自己当时有多浑蛋！学了"接纳孩子的错误"才知道，那么小的孩子，怎么能不出错！况且他还是好意要帮我。

其实孩子把水洒了，也并不是什么错误嘛，咱们和孩子一起擦掉就可以了。

记得孩子小的时候有一次骑扭扭车,从一个下坡下来没有控制好,摔倒了,我就很大声地说,为什么别人都不会摔倒就你摔?孩子哭得很伤心,从那以后再也不骑扭扭车了,并且以后只要有下坡或者上坡她都很小心,胆怯的那种小心。我抹杀了孩子的勇气,以前有很多时候处理方式不当,大多是责备,没有好好地接纳,觉得孩子现在好多事情都不敢去尝试。

孩子摔倒后已经很疼很难过了,我们这时候应该及时过去问一问孩子疼不疼,如果孩子疼到哭的话,可以把孩子轻轻抱在怀里让她哭一会儿,而不是去责备为什么别人都没事就她一个人摔倒。

其实孩子都有羞耻心,正常情况下没有谁愿意犯错出丑,出错后都会本能地不好意思,想要弥补。我们不必多说什么,他自己就会总结经验、吸取教训。人只有在心情好的时候才会做得更好,如果你能告诉孩子"出错了也没关系,爸爸妈妈在你这么小的时候也是这样",孩子会更容易改正错误,你们的亲子关系也会更进一步。

接纳孩子的错误,允许孩子犯错,甚至我们要把"犯错"这一观念从头脑中扔掉,哪有什么"犯错",那些所谓的"犯错"都是孩子成长过程中不可或缺的宝贵经历,对孩子的成长有重大的积极意义。当我们这样想时,可能下一次孩子"犯错"之后,我们也就更能接纳了。

三、接纳孩子的情绪

很多家长会问我关于孩子情绪的问题:我们家孩子总是爱发脾气怎么办?一般我的回答都是:先让孩子发泄,接纳他的情绪。

什么是接纳孩子的情绪呢？就是当孩子有情绪的时候，我们不要试图用语言、脸色、行动等阻止，而是让其顺利地、完整地发泄出来，想哭就哭，想自己待一会儿就让他自己待一会儿，想大声喊出来都可以。我们不去阻止，更不和孩子硬碰硬，就是对孩子情绪的接纳。

我们甚至可以对孩子说：你一定感到很难过很委屈，想发泄就发泄一会儿吧，大声哭出来，哭出来会让你好一些。这就是对孩子情绪的接纳，而不是说：不许哭，哭有什么用，哭能解决问题吗？又如孩子骑车时摔倒，然后哭了，一些家长可能会说：是你自己摔倒的，还哭什么哭！

可以回想一下，在孩子成长过程中，你说了多少个"不许哭""不哭了"，其实这些都是对孩子情绪的不接纳，这些语言都会把孩子推远，蚕食你们的关系。

有一年冬天，多米感染了肺炎，我们带他去医院输了三天液，有一次遇到一对年轻夫妻带着女儿也来输液，女孩四五岁的样子，扎着两个小辫子，特别招人喜欢。

女孩有点害怕，所以护士给她扎针的时候，孩子就哭了，哭的声音还挺大，扎完后还在哭。这时候妈妈有些不耐烦了，对女儿说："哭什么哭，别人都不哭，就你哭！"这位妈妈一边说，一边生硬地拉着孩子的手找了把椅子坐下来。

等他们一家三口在我们对面坐下，孩子还在哭，还没有停下来，妈妈又说："你还哭，又不疼，你哭什么呀哭！"我看着这个哭得梨花带雨的小女孩，真的好心疼。如果这位妈妈当时能接纳孩子的情绪，对她说"扎针有点疼是吧，妈妈和你坐近点，一会儿就不疼了"，我想，这个小女孩心里会舒服很多。

当我们全然接纳、不去制止孩子的情绪时，孩子反而更容易平静下来，因为他知道自己被看见、被理解了。如果我们不接纳、一味地让孩子不哭，只会让孩子的情绪堵塞、积压，发展到后面就可能越来越严重，有点小事都会歇斯底里。

我的一位学员学完"接纳孩子的情绪"后给我反馈说：

记得有一次在店里，孩子用一整天时间拼好了一个大飞机，因为出去的时候没有藏起来，被其他孩子玩坏了。当孩子回到店里看到自己完整的飞机被弄得一地碎片，他伤心极了，一下子就爆发了，哭得撕心裂肺。

当时店里有其他家长和孩子，我觉得孩子太不懂事了，那么多人的场合，居然那样丢人。我不但没有接纳他，反而简单地说，坏了就算了嘛，人家不是故意的。孩子并没有停止哭喊，我无奈地觉得丢人，认为其他家长一定会觉我家孩子没有教育好。

因为那时候的无知，我一点没有站在孩子的角度去想想，那是他辛苦付出一天的成果，是通过无数个小零件慢慢拼起来的，里面有他那么长时间的心血，是他最爱的东西，如果换作我们大人，谁破坏了我们最爱的东西，我们肯定也会非常伤心的。我一点没有站在孩子的角度去想想，去理解他，去接纳他这样的情绪。

接纳孩子的情绪，也不必孩子一哭我们就马上安抚安慰、让孩子快点停下来，安抚安慰同样是对孩子情绪的不接纳。李雪在《当我遇见一个人》一书中说："我们最容易犯的一个错误就是试图解决对方的情绪。"安抚安慰就是在试图解决孩子的情绪，不是真正的接纳。

什么是安抚？比如心爱的玩具坏了，孩子哭得伤心，你安抚说：没事，不就是一个玩具嘛，妈妈再给你买一个好的，咱不哭了。看似我们在好心安抚孩子，实则只是希望孩子快点停止哭泣，我们忍受不了孩子的哭声。就像你经历过的，这样的安抚效果并不好，孩子可能会更大声地哭闹，因为他能感受到你并没有理解他。

或者孩子的腿磕到桌角疼哭，你安慰他说：这个破桌子，磕我家宝贝，妈妈给你打它。这也不应该，其实我们不必说那些安抚的话，抱着孩子让他哭一会儿，轻轻给他吹一吹，这就是最好的处理方式。妈妈温柔的怀抱是世间最好的止痛药，这对孩子是最有帮助的，因为他感受到了你对他情绪的理解，反而更容易平静下来。

有些家长说：孩子哭的时候，我也让他哭，但是自己照常做自己的事，假装没看见，等孩子哭够了，他自然会过来找我。我建议你不要这样，孩子哭的时候，你可以坐到他身边，抱着他让他哭，或者不抱也行，但不要无视他哭，不要假装没看到。无视孩子的情绪，不是对孩子情绪的接纳，而是对孩子的折磨。

孩子有情绪的时候是希望我们看到的，希望妈妈能理解他、心疼他一下，如果我们无视，就太冷酷了，等他长大、我们老了，他很可能对我们也很冷漠。

倾听也是接纳的一种方式，我们要少说话、多倾听。当孩子表达、发泄情绪的时候，我们不要急于插话发表自己的观点，而是认真看着孩子的眼睛，耐心听孩子讲完，孩子就会感受到被接纳，情绪也会更快地平静下来。约翰·戈特曼在《培养高情商的孩子》一书中说："当孩子表达情绪时，逻辑推理并不能帮上忙，最好的办法就是去倾听。"

与孩子相处的过程中，家长愿意听比喜欢说对孩子的成长更有利，就像是没有人会拒绝一位愿意倾听自己絮叨的朋友一样，孩子也更喜欢愿意倾听自己分享内心喜悦与痛苦的家长。

然而，让我们做到对孩子的倾听却并不是一件容易的事，因为我们总是急于表达我们的看法、给出我们的建议、讲出我们的道理，甚至发泄我们的情绪。所以，要想做好对孩子的倾听，我们需要克制自己讲话的欲望，先耐心听孩子说完，虽然这比较难，但值得我们为之努力。

除了接纳和倾听，如果我们能做到共情，那就更好了。所谓共情，就是一致性表达，把自己的脚放在孩子的鞋子里去感受，然后说出孩子的心理感受。比如孩子因为心爱的玩具坏了难过地哭，你可以说：心爱的玩具坏了，我想你一定很伤心，毕竟这是你最喜欢的玩具，妈妈也很难过。"伤心""难过"这样的词，就是孩子当时的心理感受，我们替孩子说出来，他心里就会好受很多。

再比如孩子和小伙伴玩的时候发生了冲突，哭着来找我们，这时我们可以共情说：很委屈吧，来，妈妈抱抱。"委屈"就是当时孩子的心理感受，我们讲出来，他们就会舒服很多，一会儿就能平静下来。

和倾听一样，共情也并不是一件简单的事，我们不但需要刻意练习，而且还需要提前储备好描述孩子情绪的词，到时候才能做到信手拈来。这里我给你提供一些这方面的词语，你可以简单记一下：委屈、难过、伤心、失望、担心、害怕、紧张、难堪、痛苦、压抑、害羞、发愁、厌恶、惊讶、迷惑、倒霉、无力、无奈、泄气、无助、想哭、沮丧、低落、恐慌、不安、烦心、心慌、烦躁、苦闷、尴尬、遗憾、后悔、懊恼、着急、彷徨、无聊、孤单、孤独、寂寞、焦虑……当然，最好你平时也积累一些，这样才不至于在需要的时候词穷。

所以，下次孩子再有情绪的时候，你知道如何做了吧？接纳，让孩子的情绪发泄出来；倾听，让孩子把他的痛苦讲出来；共情，说出孩子心里的感受。

四、接纳孩子的平凡

孩子若是平凡之辈，那就承欢膝下；若是出类拔萃，那就让其展翅高飞。真正的接纳，还要接纳自己的孩子本身就是一个平凡的人，甚至是平庸的人，接纳他们很多事情并不能做得很好，甚至很差。如果你无法接纳孩子的平凡，那孩子很可能也无法卓越。

你可能听过"二八法则"，这个法则对于人类群体也同样适用：百分之八十的人将是普通人，过着普通人的生活，不会取得很大的成就，也不会赚取巨大的财富。应用在孩子身上就是，绝大部分孩子在学习上只能取得普通的成绩，在同龄人中间并不特别突出，并不能给你的脸上贴金、给你争面子。

我们要提前认清并接受这个现实，接受自己的孩子将来就是一个平凡的普通人，这样就不会对他们提过高的要求和希望，给他们施加过大的压力，从而破坏了亲子关系。我们看一位学员给我反馈的案例：

我儿子在小学阶段的表现是比较好的，初中到了我们这边排名比较靠前的学校，遇到了很多牛娃，于是我的孩子在班级里面就显得相对比较平庸了，所以那段时间我就特别不能接受孩子在班上排名中等而不是靠前这个事实。

每当老师在班级群里发班级日志，通报孩子表现的时候，我就火冒三丈，觉得孩子变得越来越差劲了。以至于我和他每周都要爆发一到两次大冲突和 N 次小冲突。孩子就给我妈打电话，说我不信任他、看不起他，我还跟我妈说没有，是孩子表现变差了！现在想来，那时候真是非常无知和武断。

其实，平凡的孩子、普通人也可以成就伟大的事业，不是吗？普通人照样可以生活幸福、健康快乐，不是吗？

当我们接纳了孩子的平凡普通，不给孩子传递过高的期待和要求时，孩子自己是不会放弃自己的，他一定会努力奋斗从而有所作为，因为人的天性是追求卓越，而不是好吃懒做、甘于落后。

当我们真的能接纳孩子表现平凡的时候，慢慢地，他一定会变得不平凡，这就是教育的神奇之处：看似你没有怎么用心教育，但孩子就是成长得很好。

有些家长可能会问，接纳孩子等同于放任不管吗？接纳孩子并不等于放任不管。放任不管是消极的态度。而接纳是积极的态度：接纳孩子的错误，因为我们知道孩子在错误中自己就会有所体验有所收获，我们没有必要再去纠正指责多此一举；接纳孩子的情绪，是因为我们理解孩子、关爱孩子，知道他心里难受，所以我们接纳孩子的情绪，这样可以让孩子的内心感受好一些；接纳孩子的平凡和天性，更是对孩子作为一个人的基本尊重。

"接纳"是亲子关系的第一个关键词，不被家长接纳的孩子，人生底色一定是灰暗的。劳伦斯·科恩博士在《游戏力养育》一书中写道："我听过很多成年人的痛苦故事，他们小时候不被接纳，只是因为'生错'了性别，或有了'错误'的爱好，爱上了'错误'的人，产生了'错误'的感受，或未成为父母心中理想的孩子。"

科恩博士还在《游戏力养育》中举例，有一个女孩学习很差，女孩的母亲是一个老师，无法接受这样的现实，经常因此责骂女孩，直到参加了科恩博士的课程后慢慢醒悟了过来。后来这位母亲给科恩博士写信说："最后，我终于开始理解她了，也明白她学习不好并不代表她这个人不好。这就是我们真实的生活，强迫和压力只会让我们两个人都痛苦，夺走生活中的所有快乐。"

关于接纳，一位叫阿蓝的妈妈写了一首诗，海文颖老师引用在她的《接纳力》这本书里，我觉得这首诗写得太棒了，在此分享给大家。

我可以

阿蓝

我可以紧张，也可以放松，都是可以的。

我可以平凡，也可以绽放，都是可以的。

我可以关注别人，也可以专注自己，都是可以的。

我可以独来独往，也可以融入人群，都是可以的。

我可以大声地哭，也可以放声地笑，都是可以的。

我可以把事做好，也可以弄得一团糟，都是可以的。

我可以面面俱到，也可以自私自利，都是可以的。

我可以坚强，也可以软弱，都是可以的。

我可以沉默，也可以歌唱，都是可以的。

我可以静立，也可以舞蹈，都是可以的。

我可以亲和，也可以冷漠，都是可以的。

我可以很沉闷，也可以很活泼，都是可以的。

我可以谦卑，也可以骄傲，都是可以的。

我可以跟从，也可以引领，都是可以的。

都是可以的。

我做什么，或者不做什么，都是可以的。

我做，是我选择做。

+ 总　结 +

"接纳"是亲子关系的第一关键词，没有接纳，就不会有良好的亲子关系，更谈不上给孩子好的家庭教育。面对孩子，我们首先要丢掉想要纠正、教育、改造孩子的念头，而是无条件接纳孩子，接纳孩子的天性、接纳孩子的错误、接纳孩子的情绪、接纳孩子的平凡，这就是无条件接纳。

回顾与思考

回顾一件你之前对孩子不够接纳的事，然后想一想，如果以后再遇到类似的情况，你将如何处理。

第 2 节 欣赏

> 努力发现孩子的闪光点并告诉他,而不是总盯着问题和缺点让他改正。

一千两百多年以前,韩愈在《马说》中开篇即说:世有伯乐,然后有千里马;千里马常有,而伯乐不常有。这句话用在家庭教育中也非常适合:想要孩子成为"千里马",家长首先要是"伯乐",成为发现自己的孩子是"千里马"的"伯乐"。

可是你发现没有,面对孩子时,我们更容易发现并指出孩子的问题和缺点,只要孩子有一点点小小的不好,或者略微暴露一个小缺点,我们就能敏锐地逮住,却不曾花足够的时间来发现并欣赏他们的优点、好的表现。

这样的做法完全反了,我们应该把有限的精力用在发现并欣赏孩子的优点和付出上,而不是寻找并指正他们的问题。

我们为什么不愿意欣赏孩子呢?这和传统观念有关,我们往往认为孩子做得好是应该的,不需要欣赏肯定,而且还担心过多的欣赏肯定会让孩子骄傲、尾巴翘到天上去。如果你之前也持有这样的想法,是时候转换一下观念了,事实上,来自家长的欣赏与肯定会给孩子巨大的自信,是孩子面对挫折克服困难的力量源泉。

很多人认为,只要孩子取得了好的成绩、掌握了别人不会的技能就会自信,其实并不是,很多学习很好的孩子很自卑。这是为什么呢?因为孩子的自我评价，主要来自父母对他的评价，家长如何看待孩子，孩子就如何看待自己。孩子的自信是如何形成的？最主要是来自家长的欣赏与肯定。孩子的自卑是如何形成的？最主要也是来自家长过多的否定和指责。

一个学习成绩一般的孩子，如果家长能看到孩子身上其他的闪光点，并经常告诉他，这个孩子也一定是自信的；一个经常考班级第一的孩子，如果家长经常对他说"不要骄傲、班级第一有什么，人家还有年级第一、全校第一、全市第一呢"，那这个孩子也很可能是自卑的。

如果我们看不到孩子的努力，从不肯定孩子的优点，还可能伤害孩子，有一位学员给我说：

我自己在孩童时代的切身体验，直到现在仍是深深的痛。从小到大，无论我多么努力，从我妈嘴里都没听过一句夸赞。

因为爸妈要下地干活，我六七岁时就给他们做饭，想让他们到家能吃上现成饭。那时的农村烧大灶，我得站到灶台前的凳子上才能把粥盛到盆里；有时候，我会给他们包饺子吃，从他们离开家我就开始做，需要一直做到中午……但每次我妈都会挑出问题，咸啦，没熟啦，要么就是煮粥碱放少啦，我就在背后偷偷掉眼泪。

2007年，我在城里给他们买了楼房，他们还挑剔布局不好，嫌弃一楼太暗。这个房子是我贷款买的，压力太大了，因为自己住的房刚还完贷款，但还是得不到一句肯定的话。

直到现在，无论我怎么做，他们从来没说过一句认可我的话，我的心真的好累。从小到大，我没有撒过娇，和他们也很少交流，我自己的事也从来不跟他们商量，只是直接或者变相告知。我做什么都不可能得到一点肯定。说了这么多，原来回想起都会掉泪，现在不会了。

可见，孩子的付出如果得不到家长的认可和肯定，他们得多难过，这太伤害亲子关系了。

美国加州大学教育学博士杰恩·梅杰在《双向养育》一书中说："对于孩子的成功和潜力开发而言，寻找和关注他们的优点比其他任何技巧都更加有效。通过发现孩子的优点，即使是那些对孩子已经灰心丧气的父母，也可以很快重新和孩子建立融洽的关系。"

芬兰知名教育家、心理学家本·富尔曼在《儿童技能教养法》一书中说："我的信念是，孩子们生来就具足资源，他们能够克服自己的困难、能够自己解决自己的问题。我们的职责不是解决他们的问题而是欣赏他们的天赋，为他们的创造力注入活力，这样我们就可以尽力做到不干扰孩子的成长之路了。"

所以，欣赏真的是一件需要我们每天用心来做的事情。我们要努力发现孩子的闪光点并给予欣赏肯定，而不是总盯着他的缺点让他改正。正如美国心理学家威廉·詹姆斯说："人类最深处的需要，就是感觉被人欣赏。"

赞美要具体

赞美是表达对孩子欣赏的一个方法，《如何说孩子才会听，怎么听孩子才肯说》一书中，作者给我们总结了有效赞美的方法：1. 描述你所看到的；2. 描述你的感受；3. 把孩子值得赞美的行为总结为一个词并告诉他。

比如孩子玩过玩具后，自己把玩具收拾好了，你可以这样说：宝贝你刚才自己主动收拾好了玩具，妈妈觉得特别欣慰，可见你很主动。

再比如孩子11点才完成当天的作业，你可以给孩子说：你今天的作业做到了11点，这个过程我有一点着急，但是你能坚持到11点还要写完作业，说明你是一个负责任的人。

这才是有效的赞美和肯定，孩子听到后才会更有力量，既描述了孩子的具体行为，又表达了我们的感受，最后还给孩子总结出来一个正能量的词，而不是简单对孩子说一句"你真棒"。

很多家长经常夸孩子"棒""真棒"，我建议你从今往后赞美、肯定孩子时，不要再用"棒"这个字，因为这个字太空、太虚、太糊弄人了。我们应该换成更具体的词，比如勇敢、细心、讲礼貌、有爱心、上进、负责任、善良、有担当、谨慎，等等。

如果你对孩子的夸奖总是"真棒""真厉害"，这说明你并没有用心欣赏他，你只是在敷衍孩子，走了个形式而已。

举个例子对比一下，比如孩子交给你一张刚画好的画，你可以随便看一眼，只说一句"真棒"，然后接着干自己的事，也可以暂时放下手中的事，先认认真真看一会儿，然后真诚地指给孩子说，这个用色很有创意，这个蝴蝶的翅膀画得很精细，整体的结构很好。你觉得哪种方式孩子更受益呢？

除了别夸孩子"棒"，也不要夸孩子"乖"，"乖"不是一个好词，孩子为什么要乖呢？孩子应该淘气、有主见、任性、胡闹、不按套路出牌，这才是孩子的本性呢。如果我们希望孩子是一个乖孩子、夸孩子乖，我觉得你是在毁灭他的生命力。

一般来说，我们对孩子的赞美和肯定都是直接说给孩子的，有一个小技巧，就是不直接说给孩子听，而是说给别人，但是让孩子听到。比如孩子也在家的时候，你对老公说：你发现没，咱儿子最近写作业越来越主动了，都不用我提醒，我早就和你说过吧，他是一个有追求、对自己负责任的孩子，现在你信了吧。或者说：你真是养了一个好闺女，最近闺女经常帮我扫地，让我可以有时间多休息一会儿，真贴心。说这些话的时候，让孩子也听到，这样比直接赞美孩子还要有效果。

如果觉得自己的孩子没有值得欣赏、肯定的地方，这说明你不会发现，或者你懒得用心发现，并不是孩子真的没有闪光点。任何一个孩子，无论在你眼里他是什么样子的，他身上一定有很多闪光的地方，他的优点一定比缺点多，如果你看不到，说明你之前并没有用心挖掘。

你可以换一个角度看事情。

比如，很多家长跟我说孩子太没有时间观念了，放假的作业，一定要等到星期日下午才写，有时候要写到半夜。这些家长看到的是孩子没有时间观念，但是换一个角度，孩子周日晚上半夜了还在写作业，这不恰恰证明了孩子能为自己的事负责吗？他是一个有责任心的孩子呀，他宁可不早点睡觉也要写完作业，说明他很靠谱。

换一个角度看事情，结论就会不一样，我们可以看下面这位家长在转换角度后，看到的不一样的孩子。

我以前把精力都花在发现孩子的缺点和毛病上了，忙着纠正孩子的错误和我认为不恰当的行为习惯，结果越努力越痛苦。看不到孩子的努力和优点，真的是一叶障目，真的需要换个角度看孩子。

其实我儿子真的有很多优点，他喜欢游泳，上初中时为了学会游泳，早上四五点就自己起来，准备东西，然后下楼跟着他爸爸的同事一起去游泳馆，跟着那个叔叔学游泳一直坚持到学会。我其实很佩服他的勇气和坚持，但是我都没表扬他一句。

中考时考一千米长跑，他那个时候比较胖，为了考满分特别拼，考完后好久都没有出来，到最后是一个同学扶他出来的，上车后还忍不住下车去吐，真的很努力很拼。

上高中时，手机丢了，我们都觉得丢得好，省得他总玩，没想帮他找，可是他竟一个下午看学校的监控录像最后自己找到了手机，他的那份坚持，在当时看来只是让我们觉得生气，因为恨他不用在学习上。

他善交往，有很多朋友，上下年级的都有，不同学校的都能玩到一起，可我们都觉得他不务正业浪费时间。

他热心帮助和父母冲突的同学，教人家学会在父母面前坚持自己想要的，有些同学他还带到家里住，人家父母都打电话找我，最终同学父母妥协。我说，你怎么能教同学和父母作对呢？他说没有，他只是告诉同学为了自己的目标学会坚持，要不然同学都抑郁了。

以前也没觉得这些是值得欣赏的，所有的优点都觉得不是优点，因为他没用在学习上，目光盯死在那个点上了。但是学习了培养孩子的健康人格，我现在觉得孩子身上真的有闪光点，我欠孩子太多肯定。

有一次，我和一位学员通电话，她儿子初中，暑假开始有了自己的手机，每天玩得黑白颠倒，开学已经一个月了，每天晚上还玩到很晚，有时凌晨1点半了还没有睡。我问她，孩子每天睡这么晚，早上能起床上学吗？她说可以，每天都正常去。我又问，他能完成作业吗？她说也可以，每天的作业都能完成。

我接着问，你能从你儿子身上发现他的闪光点吗？她说儿子放学一回家就把自己关屋里，我连人都看不到，还怎么看到闪光点？我告诉她，你儿子每天玩到半夜，但第二天依然能正常起床上学不迟到，这说明人家对自己的事有把握有分寸；每天那么喜欢玩手机，但作业依然都能完成，说明人家知道孰轻孰重。这都是人家的闪光点呀！

所以，不是孩子没有闪光点，而是我们没有看到，或者你根本就没有用心去想、去思考。我们要把以前用来控制孩子玩手机、教孩子写作业的精力，放在换个角度发现孩子的优点上来，这才是我们一个家长应该做的事。

赞美孩子是能控制的，而非不能控制的

正确表达对孩子的欣赏还有重要一点需要引起你的注意，那就是要赞美孩子自己能控制的，比如努力、认真、勤劳、有礼貌等，而非他不能控制的，比如聪明、漂亮等。有一个心理学实验研究可以说明这一点。

斯坦福大学著名心理学教授卡罗尔·德韦克带领她的团队，对纽约二十所学校的四百名五年级学生做了一系列实验，以研究夸奖孩子聪明和夸奖孩子努力对他们的影响。

第一轮测试是简单的智力拼图。完成测试后研究人员随机把孩子分成两组，一组孩子得到的是一句关于智力的夸奖，比如，"你在拼图方面很有天分，你很聪明"；另外一组孩子得到的是一句关于努力的夸奖，比如，"你刚才一定很努力，所以表现得很出色"。

第二轮测试，有两种不同难度可选，一种较难；另一种较简单。结果发现，那些在第一轮中被夸奖努力的孩子百分之九十选择了难度较大的任务，而那些被夸奖聪明的孩子则大部分选择了简单的任务。由此可见，自以为聪明的孩子，不喜欢面对更大的挑战。

为什么会这样呢？德韦克在研究报告中写道："当我们夸孩子聪明时，等于是在告诉他们，为了保持聪明，不要冒可能犯错的险。"这也是实验中"聪明"孩子的所作所为：为了保持看起来聪明，而避免出丑的风险。

第三轮测试很难，是初一水平的考题，德韦克团队故意让孩子们遭受挫折。可想而知，孩子们都失败了。先前得到不同夸奖的孩子们，对失败后的反应相差巨大。

那些先前被夸奖努力的孩子，认为失败是因为他们不够努力。德韦克回忆道："这些孩子在测试中非常投入，并努力用各种方法来解决难题，好几个孩子都告诉我说这是他最喜欢的测验。"

而那些被夸奖聪明的孩子，认为失败是因为他们不够聪明。他们在测试中一直很紧张，抓耳挠腮，做不出题就觉得沮丧。

第四轮测试和第一轮一样简单。那些被夸奖努力的孩子，在这次测试中的分数比第一次提高了百分之三十左右；而那些被夸奖聪明的孩子，这次得到的分数和第一次相比，却退步了大约百分之二十。

德韦克解释说："夸奖孩子努力，会给孩子一种可以自己掌控的感觉，孩子会认为成功与否掌握在他们自己手中。反之，夸奖孩子聪明，就等于告诉他们成功不在自己的掌控之中，这样，当他们面对失败时往往束手无策。"

后面对孩子的追踪访谈中，德韦克发现，那些认为天赋是成功关键的孩子，不自觉地看轻努力的重要性。这些孩子会这样推理：我很聪明，所以我不用那么用功。他们甚至认为努力很愚蠢，等于向大家承认自己不够聪明。

我们如果经常夸孩子聪明，孩子也自认为聪明，那么他们很可能就会为了让自己显得聪明而不去努力，甚至会不屑于去努力，多一分聪明，就多一分轻薄。

所以以后再赞美孩子时，我们要赞美他能控制的，而非他不能控制的。聪明、漂亮，都尽量不夸，夸多了反而会害了孩子。

表达欣赏时不能加"但是"和"要求"

我让很多家长给孩子写过欣赏孩子的话，我发现很多家长自己认为写的是欣赏和赞美，其实很多写的是要求，甚至挖苦。

比如一位妈妈这么写："你是一个健康、快乐、阳光、自信、积极、爱学习的孩子，但是有些行为妈妈不接受，望你改正，每个人都会犯错，但知错就改是聪明人，知错不改是大笨猪。"我们说一句话时，如果里面有"但是"，那么重点一定是"但是"后面的内容，无论是说话的人还是听的人都明白。这位家长自认为是在赞美孩子，但重点是想说"但是"后面的，是想要孩子改正一些东西，孩子自然能明白，所以这就并不是真诚的欣赏和肯定。

这一点我们一定要注意：赞美孩子时，只说赞美的话就好，千万不要在后面加上"但是"之类的转折，因为"但是"的后面往往是对孩子的否定，这样的内容成事不足，败事有余。

比如一位妈妈给孩子留言：

星星，你今天完成了约定，放学回家早早地完成了一道数学应用题、英语打卡、一篇课内阅读，妈妈为你的行动力点赞！但有一点妈妈不接受，望你改正，那就是早上看你在完成昨天未完成的作业，你是个有责任心的男孩，不管早晚都能完成作业，妈妈希望作业能在当天完成，不要放到第二天早晨来做。

这样"但是"的话，我们在欣赏、表扬、肯定时千万不要说。我们只说前半段，只肯定孩子做得好的地方，就足够了，"但是"一定要去掉。一说"但是"就是画蛇添足、狗尾续貂。

也不要在表扬、肯定了孩子之后马上给孩子提要求，这也是我们常犯的一个错误。比如一位学员给我反馈说：孩子在幼儿园有一次表现特别好，我记得非常清楚我特别开心，表扬了他，但是我跟孩子说只有一次表现好是不足够的，以后还有很多次，要继续努力！这种错误的欣赏方式真的没有达到欣赏和赞美的最终目的。

"只有一次表现好是不足够的，以后还有很多次，要继续努力"，这个道理是对的，但是我们一旦在欣赏孩子的时候说出来，就暗含了"你现在做得还不够好"的意思，所以孩子听了后会有一种被打击的感觉，反而更没有力量、更泄气。

为什么很多家长说：我也表扬、肯定孩子呀，但是不管用，我孩子不吃这一套。很可能就是这个原因，你以为你在表扬他、肯定他，其实你说的都是要求，都是"但是"后面的话，孩子自然"不会上当"。其实，这样的"要求""但是"即便我们不说，孩子在听到我们真诚的欣赏肯定后，也会更有力量，以后努力做到更好。

欣赏不能带有目的性

关于欣赏、赞美，一位学员问过我一个特别好的问题："赞美孩子"

这个方法，在妹妹面前很有效，但是在姐姐面前有些行不通，效果一般，为什么呀？

这真的是一个非常好的问题，或者说一个非常好的发现，为什么有些孩子"不吃这一套"呢？在于你赞美孩子时候的内心：你是真的觉得孩子做得好，你特别开心，想要和孩子分享你的喜悦呢？还是你只是希望通过赞美来操控孩子呢？

有时我们赞美孩子，并不只是单纯地赞美，而是为了达成我们"操控"孩子的目的，希望孩子朝着我们赞美的方向去做。当我们带有这样的目的时，孩子就会敏锐地发现，当然不会"上我们的当"。

这个错误我自己也犯过，多米三岁时，有一天晚上我们吃过晚饭，多米帮着我们把一些碗筷拿到了厨房。当时我就想要夸夸孩子的勤快，想让他以后还这样，于是我蹲下来对他说：多米，你刚才帮爸爸妈妈一起收拾碗筷，很勤快。本来我还想再说个"棒棒哒"，但是他敏锐地察觉到了我的意图，于是扭头就走开了，还边走边说"我不棒"。

你看，当我们想要通过欣赏、赞美来操控孩子的时候，孩子就会转身走开。

为什么我们这一节的关键词是"欣赏"，不是"赞美""表扬""夸奖"，这是因为，欣赏是你对孩子的一种态度、与孩子相处时的一种心态，如果你能做到由衷的欣赏，看待孩子时都是无限的温柔、欣赏之情，孩子是能通过你的表情、你的神态感觉到的，这时即便你一句赞美、表扬、夸奖的话都不说，孩子也能感受到你对他的真心欣赏，从而滋生出自信。

而赞美、夸奖、表扬是我们表达对孩子欣赏的一个方法，可不是用来操控孩子的手段，这一点，我们要明白。

欣赏日记

其实孩子每天都有很多闪光点值得我们欣赏，他们说的一些话、做的一些事，甚至有时候一个细微的动作都值得我们欣赏，但我们想要做好这件事却并不容易，需要我们用心坚持。

说说我是怎么实践"欣赏"这个关键词的。

为了做好这件事，从多米一岁多一点开始，我每天写欣赏日记，逼着自己发现、总结、记录他当天值得被欣赏的具体事件。现在（2023年7月）多米六岁半，老二多肉也已经六个月，我已经整整写了五年，一天不差。将来，我还会继续写下去，直到孩子们离开家、不和我们一起生活为止。

为了写好欣赏日记，我需要每天睁大眼睛用欣赏的眼光和孩子们生活，所以每天都能发现他们身上很多的闪光点，很好地实践了"欣赏"这个关键词。

这五年的欣赏日记，我还配上相应的照片制作成了五本册子，这是我们家"最贵重的财产"，多米经常让我给他读某一年的某一天发生了什么，有时候读到一些早已忘记的、很有意思的事，我们会乐得哈哈大笑。

如果你愿意，我也推荐你从今天开始写欣赏日记，这是我发现的实践"欣赏"这个关键词最好的方式，虽然需要花费一些时间和精力，但我们的付出绝对值得。当我们这样逼着自己去寻找孩子的闪光点时，你会发现，他们的闪光点将层出不穷。

事实上，已经有很多家长在我的建议下写欣赏日记了，而且已经把写好的印刷成册。当你拿到印刷的成品后，你会无比激动、无比骄傲。如果你愿意，欢迎联系并加入我们的队伍，我们相互支持相互鼓励，把这件有意义的事做下去。

+ 总　结 +

　　教育的最佳时机是孩子把事情做好的时候,我们要努力发现并抓住这样的时机去欣赏肯定他,而非当孩子做错事情的时候我们去纠正。

　　欣赏孩子有几个关键点我们要记住:

　　第一,赞美要具体,最好的赞美应该包括:1. 描述你所看到的;2. 描述你的感受;3. 把孩子值得赞美的行为总结为一个词并告诉他。尽量不用"你真棒"这样简单的一句话来敷衍孩子。

　　第二,要赞美孩子能控制的,比如认真、用心、有礼貌、勤劳、有耐心等,而不是孩子不能控制的,比如聪明、漂亮等。

　　第三,赞美孩子后不能加"但是"和"要求"。

　　第四,欣赏不能带有目的性,不是为了操控孩子而说一些赞美的话,欣赏孩子只是因为他真的很好,值得我们发自真心地欣赏。

回顾与思考

　　以前,你是一个会欣赏孩子的家长吗?以后,你计划如何做到对孩子的欣赏?

_____

_____

_____

第 3 节　陪伴

家长经常全身心地陪孩子玩游戏，对孩子的成长来说至关重要。

没有一个家长不爱自己的孩子，但如果我们不愿意在陪孩子上付出时间和精力，回家后只玩自己的手机，或者干自己的家务，那么这份爱就成了无源之水，孩子是感觉不到的。爱，如果感觉不到，就不是。

有时我感到很无奈，因为很多家长不愿意把时间花在陪孩子上，我有一个朋友甚至觉得周末在公司加班都比在家陪孩子好，觉得陪孩子是一件很无趣很麻烦的事。

还有一些家长对"陪伴"有误解，认为只要和孩子在一起就是陪伴，所以他们陪孩子时人在心不在，孩子玩孩子的，家长看家长的手机，就是不把注意力放在最重要的孩子身上，这种陪伴根本就没有效果。

有一天我陪多米玩，在我们小区的儿童玩耍区，一个玩秋千的女孩喊靠在旁边看手机的妈妈："妈妈你来推我。"妈妈头都没抬地说："你不是会自己荡嘛，干吗让我推你？你自己荡。"

每当看到这样的情景时我都很难过，我建议家长在陪孩子时一定要用心，放下所有的事，当下，陪孩子就是你的全部。只有我们把注意力投入到孩子的世界里，听孩子所听、看孩子所看、想孩子所想、乐孩子所乐，才是有效的陪伴，才有意义，而不是孩子玩孩子的，你玩你的。

一位学员在学了"用心陪伴"后给我反馈了发生在她和孩子之间

的事：

去年暑假我基本不怎么去店里，所以和孩子待的时间比较多，印象最深的一次就是陪她去游泳，因为我怕水凉，也不会游泳，所以并没有下水，就在岸上刷手机看小说，最后孩子从水里出来了我都不知道！我去更衣室里找到她，她说了一句话："我觉得我一点儿都不重要。"那时的我没有感觉，还理直气壮地冲她嚷嚷"走都不告诉我一声"。

直到现在学了要用心陪伴孩子，才知道原来我的不用心会让孩子感觉到多么伤心无助！这个假期，我改变原来的做法，开始和孩子一起玩，用心陪伴她，她和我说"妈妈我感觉到了你满满的爱，太开心了"，其实孩子要的就是这么简单。

用心陪伴，和孩子同频，也就是我们常说的高质量陪伴，这对孩子来说太重要了。如果你都不愿意用心陪孩子，怎么可能和他建立起美好的亲子关系呢？金伯莉·布雷恩在《你就是孩子最好的玩具》一书中写道："没有一个孩子会在被父母忽视的环境下茁壮成长，不管少年时期的他如何想摆脱父母的约束。"

有些家长说我天天陪孩子写作业、陪孩子练琴，而且非常投入，这算陪伴吗？陪孩子写作业、练琴不是陪伴，而是监督，是为了让孩子完成任务我们采取的手段，而并非让孩子享受家长在身边陪伴时的美好。家长千万不要陪孩子写作业，越陪会越糟糕，后面我们有一节专门讨论孩子的学习，到时我们会详细分析。

最好的陪伴是亲子游戏

我们应该从哪些方面陪伴孩子呢？陪孩子聊天，亲子阅读，一起去公园，一起参加活动，这些都是，但最主要的，还是每天陪孩子亲子游戏。不要让孩子把所有个人时间都用来学习、练琴、上课外班，你一定要每天都抽出来一些时间陪孩子一起玩，这真的非常重要，比什么都重要。

科恩博士在《游戏力养育》一书中说道："游戏是儿童的母语。为了与孩子建立最深入稳固的关系，父母要用孩子的方式与他们沟通，重新发现自己身上的游戏力。"科恩博士非常重视游戏对于孩子成长的作用，他在《游戏力养育》这本书中强调，陪孩子玩游戏是作为父母最重要的事情，一定要每天花时间痛快地和孩子玩。

如果我们陪孩子玩耍的时间不够，孩子不满足，就很可能表现出来各种各样的问题，比如打人、哭闹、胆怯，甚至不好好上学、不痛快地写作业、一个劲地玩手机等，这些都是孩子在向我们发信号：你陪我玩的太少了，你要多花些时间来陪我玩。

我以前有一位同事曾在幼儿园当老师，她给我讲过她班上一个男孩的事：

她班上一个之前很好的小男孩，忽然从有一天开始总是打班上其他小朋友，别的老师怎么说他都不管用。有一天中午孩子们吃过饭，我的这位同事让其他带班老师带小朋友们去散步，唯独留下了这个打人的小男孩。

男孩和她关系非常好，一直喊她"米妈妈"，米妈妈关切地问男孩最近怎么了,是不是遇到了什么事情。孩子一开始默不作声,因为知道自己打人不对,后来才对米妈妈讲,他妈妈生病了,他说"我听他们说,妈妈需要做手术"。

米妈妈问:"他们是谁?"孩子说:"就是爸爸、妈妈、奶奶他们啊!"

"哦,那你知道妈妈得了什么病吗?"

"不知道,但是听说需要住院做手术。"然后孩子还问米妈妈,"我妈妈会不会死啊?"

米妈妈问孩子,你知道什么是死亡吗?孩子摇摇头说不知道,于是,米妈妈给孩子讲了一下什么是死亡:"死亡就是,这个人永远地离开了我们,我们以后不会再见到他,他去了其他世界。"

孩子听到这里终于明白了,开始大哭起来,或许是触及了孩子心灵深处的神经,或许是戳中了他内心担心的事情。米妈妈把孩子抱在怀里,轻轻地抚摸着他的后背,用纸擦去他脸颊的泪水,对他说:"我知道你现在很难过,那就哭出来吧!"

等待孩子平静下来以后,米妈妈问他,那你为什么最近总是打小朋友呢?男孩说:"因为最近我妈妈病了,他们都没有人管我,每天也不陪我玩儿。"

米妈妈当时就明白了,原来这个孩子是需要关注和陪伴了,于是米妈妈就说,家里没有人陪你玩,你可以来幼儿园啊!这里有小朋友和老师陪你玩啊!孩子说:"可是回到家中就没有人陪我玩了啊!"

于是米妈妈对孩子说:"那这样好不好,改天我去你家里看看你妈妈。"男孩听了米妈妈的话,表现出一些失落或是失望,男孩认为你们关注的还是妈妈,而不是他。

米妈妈敏锐地察觉到了这一点,对男孩说:"我去你们家,主要是告诉你的爸爸妈妈，让他们多花时间陪你，多和你玩耍。"这下，孩子才松了一口气，才放下心来，感觉一块石头落了地。自从米妈妈去过男孩家以后，男孩就不再打其他小朋友了。

原来男孩的妈妈也并不是生病，而是意外怀孕，他们认为男孩还小、不懂这些，就没有告诉男孩，而是大人们商量着去医院做一个引流手术。男孩只知道妈妈要去医院做手术，所以很害怕，而大家因为妈妈的事也顾不上陪他，所以就导致了男孩的反常行为。当男孩的疑问解除、家人们又像以前一样每天花时间陪他玩耍时，男孩就又变回成了以前那个阳光开朗的孩子。

陪孩子玩耍就是有这么神奇的作用，"玩治百病"，正如科恩博士在《游戏力养育》这本书中所说："有一个最简单的养育方法：父母只要多花点时间，放松快乐地陪陪孩子，就能解决家庭教育中的大部分挑战和问题。"

有些家长可能会说我太忙了没有时间，白天要工作，下班后还有很多家务活儿需要做，哪有时间陪孩子玩。我从来不觉得这是一个有没有时间的问题，而是一个你愿不愿意和孩子玩的问题。其实，哪怕家里乱一点、脏一点也没那么糟糕，如果你的很多时间用在了做家务上以至于没空陪孩子玩，我建议你做一些调整，放弃一些家务活儿，家里乱点儿就乱点儿吧，乱点又有什么关系呢？节省出时间用来陪孩子玩，这是比让家里整洁一些更重要的事。

还有一些家长不愿意陪孩子玩，是因为觉得和孩子玩没有意义，孩子玩耍就是浪费时间，他们更希望孩子把有限的时间用在更重要的事情上，比如学习、上课外班、练琴、练字等。

这里我要特意强调一下游戏、玩耍对孩子成长的重要性：我们不能用成年人的功利眼光来看待孩子的时间和所做的事，认为学习是有用的、玩是没用的；对于孩子来说，玩耍是一件比学习更重要的事，他们在游戏中学到的要比从课堂和书本中学到的重要得多。比如他们在游戏里可以学到遵守规则，学到团队合作，学到目标明确，学到应对挫折和失败，学到思考与创新，学到灵活应对，学到妥协与坚持，他们在游戏中不断地思考、动手，等等，这些对于孩子以后的生活、工作，可能要比从书本上学到的还要重要。

正如尹建莉老师在《好妈妈胜过好老师》一书中所说："当前教育中非常典型的一个理念性错误，就是蔑视儿童的玩耍权。把玩耍当作无价值的，认为玩耍可多可少、可有可无，认为'学知识'是有价值的，学总比不学好。持这种想法的家长不知道，对于年幼的孩子来说，智力成长不是在书桌前进行，而是在游戏中进行。"

即便不是游戏，孩子只是发发呆、刷刷在我们看来毫无营养的短视频，对他们来说也很重要，就像国画讲究留白一样，我们在孩子的成长过程中也要学会留白，不要让孩子把所有的时间都"浪费"在学习上，我们一定要让孩子有大量的玩耍时间，我们陪着孩子玩耍，孩子嘛，越玩越机灵。

很多爸爸觉得自己在教育孩子方面无从下手，从而把教育的事情都交给了孩子的妈妈，自己主抓事业，挣钱养家。那么我现在就告诉爸爸们，通过陪孩子游戏从而建立起亲密的亲子关系就是最好的教育。

我们可以看到，一般情况下妈妈们更心细、温柔，所以在养育方面更擅长，孩子也更乐意让妈妈哄着睡觉、陪着读书，哭闹的时候也更愿意找妈妈。可是在陪孩子玩耍方面，爸爸们却具有天然的优势，爸爸强壮的身体、大胆的动作、夸张的表情都好像是为陪孩子游戏而准备的，完美地弥补了妈妈在玩耍方面的短板。

史蒂夫·比达尔夫在《养育男孩》一书中强调："抽空陪伴孩子，这是底线，父亲们听好了，这句话是全书最重要的一句。"所以父亲们，我们一定要行动起来，每天陪孩子玩耍。即便是孩子写作业很慢，你担心完不成作业，回家后也要陪孩子玩一会儿。你会发现，当孩子玩痛快了，写作业的效率自然就高了起来。

有时候我们会觉得陪孩子时无聊、没意思，因为孩子喜欢玩的太幼稚了，而且他们还一遍遍重复，我们就会觉得极其无趣，就想要逃离。确实如此，我以前陪儿子玩的时候也会有这样的感觉，但后来看到一篇"过来人"写的文章，就开始珍惜了，因为不是我们陪孩子，而是孩子在陪我们；不是我们给孩子带来快乐，而是孩子给我们的生活增加活力。我把这篇文章也分享给你：

不要抱怨陪孩子累人。

用不了几年，你看着孩子房间熄灭的台灯，一片漆黑，会怀念那个小小的背影，坐在那里，一会儿写字，一会儿摸摸脑袋，一会儿玩玩笔，一会儿喊妈妈来一下……看着孩子空空的卧室，好想早上叫他起床上学，但此时，也许，他已在离你千里之外的城市。

那间熟悉的卧室，已经成为他的旅馆，只会在假期暂住。而且，你好不容易盼到了假期，他还会有各种理由晚归。假期还没有过完，他就匆匆赶回学校。他不再惹你生气，甚至和你说的话也越来越少。偶尔发来信息，也是简短声明。也不会再对你打开心扉，不论说什么，你都会听不够。

那时，你会怀念他上学的日子，怀念那段独一无二陪伴他的日子。所以不必盼着把孩子送走，总有一天，他会自己离开。你再看别人家背书包上学的孩子，会眼睛放光，心里失落。会想再有个孩子，送他上学，陪他写作业，偶尔被他顶嘴，偶尔发火。但河东狮吼的日子终将一去不复返。

你终将明白，孩子给我们带来的最大欢乐不是成绩，而是陪伴，不是你上辈子做错了什么，才会辅导他作业，而是你们修了几辈子缘，才会有今生的相伴。趁他翅膀还没硬，还躲在我们怀里；趁他还没有长大，你还没有老；趁现在岁月正好，好好珍惜，好好爱他们！

2019.11.07

父母的陪伴是有有效期的，我们终将退出孩子的生活舞台，我们能陪孩子的时间、孩子陪我们的时间，仔细算来并没有多少，所以我们一定要抓住这宝贵的几年时间，用心地多陪陪他们，不要让时间在你看手机、让孩子上课外班中溜走，那样的话就太可惜了。

玩什么样的游戏

关于陪孩子玩游戏，我特别建议你和孩子玩一些有身体接触类的游戏，比如使劲抱着孩子不放下，疯狂地打闹，用你的身体假装五行山把孩子这个孙猴子压在山下。

多米小时候特别喜欢和我们玩"抢儿子"的游戏，妈妈抱着他，我从妈妈怀里使劲抢；或者我抱着他，妈妈使劲抢，这臭小子往往会和妈妈同伙不让我赢，每次玩这个游戏我们都会特别尽兴。

多米现在六岁半，我发现他已经慢慢地不让我们抱他了，不管是在家里还是在外面。他最近迷上玩奥特曼打架的游戏，天天让我陪他打架，我就发明了一招"爱的拥抱"，打架的时候就使劲把他抱在怀里让他挣脱不得，他也很享受。这样有身体接触的游戏，孩子们往往都会很喜欢，建议大家多陪孩子玩。

当然如果你不知道陪孩子玩什么游戏，一方面可以听从孩子的安排指挥，因为孩子是天生的游戏玩家；另一方面，也可以从抖音、快手上搜一些亲子游戏，那里有很多很有意思的亲子游戏，特别好。

另外，我在微信公众号（任小巍家庭教育）上，整理了五十个好玩的亲子游戏，这些都是我和孩子玩过的，很有意思，如果你想要的话，可以关注后获取。当然了，今后我还会不定期地给大家推荐，你可以关注一下。

有些家长在陪孩子玩游戏的时候，太有目的性，比如希望锻炼孩子的专注力、平衡感之类的，其实也没有必要这么刻意，玩得开心、玩得痛快就是最大的目的，也是最大的意义，通过痛快的玩耍和孩子建立起美好的亲子关系要比锻炼孩子的专注力重要得多。

如果我们目的性太强，孩子是能感受到的，然后他们就不会"上你的当"。陪孩子玩，就是为了玩得开心、玩得尽兴，让孩子感受到我们的爱，享受当下的幸福快乐，这就是目的。

陪孩子玩的时候也尽量别给孩子提要求，比如你必须怎样我才陪你玩。我有一位学员，她家在苏州，但是老公在异地工作，所以爸爸陪孩子的时间不是很充足。有一次过年，一家人聊起了陪孩子玩这事，儿子表示希望爸爸回家后能多陪自己玩，自己非常想和爸爸一起玩，这位爸爸顺势就说："陪你玩可以，爸爸也特别想陪你玩，但是你得保证下次考试语文考九十三分以上。"你看，这样的话就太扫兴了。

如何陪伴大孩子

大一点的孩子，比如已经进入青春期的孩子，可能已经不喜欢、不需要家长陪他们玩了，甚至都懒得和家长多沟通，回到家或者和同学玩手机游戏，或者写作业，或者把自己关在屋里。这个时候，我们要学会不去打扰孩子，家长的陪伴是有有效期的，他们真的过了那个需要家长陪着玩的年龄了。

他们想单独待着，就让他们单独待着；想自己玩，就让他们自己玩。

当然，如果有机会，我们还是可以和他聊聊天，比如抓住吃饭的时间。和孩子聊天，切记尽量不要聊学习聊写作业，那样只会让孩子不愿意和你聊下去，可以聊聊你们单位今天发生的有意思的事，或者聊一聊孩子的偶像、感兴趣的事，以及最近发生的新闻之类的。或者当一个听众，打开我们的耳朵，闭上我们的嘴巴，认真地听孩子说。耐心地倾听，也是对大孩子很好的陪伴。总之，就是要把孩子当成朋友一样交流，而不是一聊天就想教育教育他。

✦ 总 结 ✦

我们只有花时间用心陪孩子，孩子才愿意和我们亲近，从而和我们建立美好的亲子关系。如果孩子成长的过程中我们没有花时间陪他们，我们就会错过很多美好，这真的是一件非常可惜、非常遗憾的事。

陪孩子一起玩，让孩子花大量时间玩，这是孩子成长的重要养分，我们应该每天在这上面花一些时间，琢磨和孩子玩什么游戏，投入进去和孩子放肆地玩，让家里充满欢声笑语。

对于大一点的孩子来说，可能不需要我们陪他们玩了，这时我们可以把他们当成朋友，和孩子聊一些生活中、工作中的事，一定要和孩子聊天。切记，聊天的时候尽量不聊学习，这只会让孩子远离我们。

希望今后的日子里，家里充满了你陪孩子玩耍聊天时的欢声笑语。

回顾与思考

以前你在陪孩子方面做得如何？今后你打算如何陪孩子？

_____

_____

_____

第 4 节 相信

不是因为孩子能做好，所以我们才去相信他；而是因为我们相信他，所以他才能越做越好。

有一个关于相信的著名心理学实验：

1968 年的一天，美国著名心理学家罗森塔尔和雅各布森来到一所小学，从一至六年级各选了 3 个班，对这 18 个班的学生进行了"未来发展趋势测验"。之后，罗森塔尔以赞许的口吻将一份《最有发展前途者名单》交给了校长和相关老师，告诉他们这些学生的智商非常高，以后都会成为国家栋梁之材，并叮嘱他们务必要保密，以免影响实验的准确性。

八个月后，罗森塔尔和助手们对那 18 个班级的学生进行复试，结果发现，凡是上了名单的学生，个个成绩都有了较大的进步，并且性格活泼开朗，自信心强，求知欲旺盛，更乐于和别人打交道。

老师们都称赞罗森塔尔的测验准确，罗森塔尔却对老师们说，他其实撒了一个谎，他对这些学生一点儿也不了解，八个月前的那个测验只是象征性地做了一下，《最有发展前途者名单》上的学生是随机挑选出来的。

为什么会出现这样的效果呢？上了名单的学生确实有了明显的进步呀！

因为罗森塔尔是当时著名的心理学家，在人们心中有很高的权威，老师对他的话深信不疑，完全相信名单上的学生将来会成为社会栋梁。虽然老师们没有对学生明说，却完全相信，而这种信念一定会传递给名单上的学生，从而激发了他们的潜能。

这就是"罗森塔尔效应"，当我们坚信孩子的时候，孩子一定不会让我们失望。

作为家长，我们更要坚定地相信自己的孩子，我们对孩子是否相信会反映在与孩子相处的方方面面，比如面对孩子玩手机这件事，你是坚定地相信孩子只是一个阶段对手机着迷，慢慢地他自然会处理好玩手机和学习的时间问题，从而不去过多干涉，让孩子完整体验呢，还是看到孩子玩手机就特别担心孩子上瘾，从而想各种办法管控，比如给孩子定时间、抢手机、断网呢？

再举个例子，很多家长会说自己的孩子写作业拖拉磨蹭，担心孩子完不成，所以就去提醒、催，甚至盯着孩子做。你之所以总是提醒他，盯着他做，还是源于你对孩子的不信任，你不相信他能够独立完成作业，所以你一直都不放手，总是干涉他，孩子就越来越依赖你，表现得越来越差。

你不相信孩子、不信任孩子，就会干涉孩子、管控孩子，孩子就永远都做不好，因为你给孩子传递的都是负面的担心与不信任。

相信孩子，没有什么方法可以让你练习的，这只是你心里的信念而已。我们一定要相信孩子，各个方面都坚信，无论是学习、玩手机、打游戏还是与人相处，我们都应该毫无理由地相信他、支持他。如果连家长都不相信他，这个世界上，还会有谁相信他呢？

尹建莉老师在《好妈妈胜过好老师》一书中说："成人在教育儿童中

之所以屡屡采取不合适的教育方法，使教育变成一种破坏性行为，有两个最根本的原因，一是不相信孩子；二是太相信自己。"我们不能因为太相信自己、不相信孩子，而让我们对孩子的教育成为一种破坏。

当你真的相信孩子的时候，就会做到尊重，放手给孩子自由，不过多干涉、管控孩子，孩子不但可以感受到你对他的这份信任，还得到了更多尝试和锻炼的机会，自然也会成长得更加顺利。

我们可以看一位学员给我反馈的她相信女儿的事例：

丫头还小，但我会让她帮我拿碗，她已经完美地帮我拿好几次了。有一次她爸爸看见她拿碗，急忙说：快放下，别摔了。我告诉他说：都拿过好几次了，都没问题，再说了，最糟糕的情况不就是摔几个碗嘛，只要注意别受伤就行。她爸说：也是啊。还有一次我让闺女去楼上取鸡蛋，爸爸说：别摔了，还是我去吧。我告诉她爸爸：摔了，不就是损失一个鸡蛋、收拾一下卫生嘛，没什么大不了的呀。于是孩子高高兴兴地去了，这个刚四岁多的小丫头用小手拿着鸡蛋稳稳地递给了我。只要家长相信孩子能做好，孩子大多数时候不会让你失望。

我们相信孩子，都相信他们什么呢？我觉得主要是以下三个方面。

一、相信孩子的善意

"人之初，性本善"，即便孩子做错事，比如把别的小朋友弄哭了，我们也一定要看到背后的善意，因为孩子的心灵纯真得很，并没有那么多歪思邪念，我们不能用成年人的世故玷污了孩子的单纯。

多米的朋友蓦然比多米大半岁，两个孩子从小一起长大。有那么一个阶段，每次两个孩子一见面，蓦然都要高兴地抱多米，还要使劲想把多米抱起来。但那时的蓦然力气太小，又把握不住平衡，所以两人经常一起摔倒，多米会被弄哭。

虽然多米被蓦然弄哭，但是我们要看到蓦然背后好的意图，这个小家伙是出于善意的，他并非想要搞破坏、做坏事，而是在表达对这个小弟弟的喜欢。我们不要批评他、说他，也不要教育他，把孩子们扶起来、哄一哄就好了。

有一个哥哥二年级，弟弟刚两岁，一天哥哥学校开运动会，于是就和妈妈要两块钱说想买两根糖葫芦吃，弟弟听了也想要，于是妈妈给了哥哥四块钱，说买四根，他和弟弟每人两根。

但哥哥回家的时候却只带了一根糖葫芦，妈妈差点就大吼出来：你一个人吃了三根？不过幸好妈妈忍住了，什么都没有说，只是用鼓励的眼神看着哥哥。

哥哥说：我去买糖葫芦的时候，只剩下三根了，我就买了三根，一扭头看到李老师和刘老师，我就给了他们一人一根，只剩下一根给弟弟了。说着，把糖葫芦给了弟弟，把剩下的一块钱也还给了妈妈。妈妈一时间感动得不行，不知道该说什么好。

你看，有时候我们不等看清事情的真相就凭主观念头给孩子"定罪"，就是因为不相信孩子的善意，觉得孩子一定是自私的、贪婪的、懒惰的，等等，但真的很有可能冤枉了孩子。

即便有时候孩子会调皮、捣乱，甚至故意搞破坏、闯祸，他们也只是觉得好玩，并不是为了"害人"，我们要接纳这个年龄段的孩子就是这样调皮的，过了这个年龄段就好了。而不要通过一两件事情就下结论说孩子自私、没礼貌、不懂分享、专门气人等，我们一定要相信孩子的善意。

二、相信孩子的上进心

有些家长看到孩子玩手机、不写作业、成绩考得不好还不着急，就觉得孩子没有上进心，所以没法相信孩子。其实不是这样的，个体心理学创始人阿德勒告诉我们，人的天性并不是不求上进自甘堕落，而是积极向上追求卓越。

求知欲、上进心这样的东西，每个孩子天生就有，每个孩子天然就想在集体中脱颖而出把别人比下去，当第一名当冠军，我们一定要相信，我们的孩子也是这样的人，他从一出生就在不知疲倦地探索这个世界、尝试各种事情。你根本不需要告诉他要求他好好学习，他自己就会好好学习，这就是人的天性。

那么为什么很多孩子会堕落、会躺平、会不思进取安于现状呢？因为家长对他的管控、打压太多了，或者对孩子太不关心太忽视了。家长没有接纳、没有欣赏、没有陪伴，还不相信他，天天告诉他你要这样你要那样，你不能这样你不能那样，最后，这个孩子还没有和别人竞争，就先被自己的家长"干掉"了，没有力量展示他原来就有的上进心和生命力了，变得不求上进自暴自弃。

而且，如果我们不相信孩子有上进心，就很容易看孩子到处都是问题。

有天晚上我陪多米在楼下玩，当时有四个小朋友，他们围着一张桌子，桌子上有一些细小的树枝，显然不够四个孩子分，于是我们几个大人就去旁边的草地里给孩子们捡小树枝，捡来了就放在桌子上让孩子们玩。

多米用树枝摆了一个简单的房子，上面是一个三角形，下面是一个正方形，很好看。另外两个小朋友看到多米摆的小房子，也跟着摆了起来。还有一个小朋友没有摆房子，而是把大人们捡来的小树枝折成了很短的小节，用这些折后的短树枝堆起了一座"小山"。

这个孩子的妈妈看到了，建议孩子"你也和他们一样摆一座房子吧"，孩子就像没听到一样无动于衷，还是堆着自己的"小山"，妈妈说了几次孩子都和没听到一样，这时孩子妈妈扭头无奈地对旁边的一位妈妈说："这孩子一点想法都没有。"

这孩子一点想法都没有吗？我觉得他太有自己的想法了，他不受其他小朋友的影响，也屏蔽了妈妈的建议，一直专心致志地堆着自己的"小山"，怎么能说他一点想法都没有呢？是我们太不懂孩子了，我们喜欢用成年人功利的价值观去评判孩子的行为，觉得"摆房子"是有想法有创意，"堆小山"是没想法没创意，这真的是一件很愚蠢的事。

北京大学心理学博士李松蔚老师也讲过类似的一件事，他的一个朋友，孩子在上小学，有一天开家长会，老师跟这位家长说：你们家孩子有很多优点，但是有一个问题就是，这孩子没主见，他太爱听别人的意见了，不能坚持自己的想法。

然后老师就讲了一件具体的事。有一次老师给孩子们分了小组做手工，每一组首先要选一种颜色的纸，这个孩子先说"咱们选红色的纸吧"，然后旁边有一个小朋友说"我不喜欢红色，我要选蓝色"，然后这孩子就说"好吧，那咱们就选蓝色"。

这位老师其实很喜欢这个孩子，所以老师就对他说："你没有必要听别人的，你还是可以坚持你自己的想法。"孩子对老师说："还是选蓝色吧。"老师又一次启发他说："你真的不用因为他要选蓝色，你就跟他一起选蓝色，你可以和他讨论啊。"孩子说"不用讨论了，就选蓝色吧"。老师就叹了口气，回头跟家长说，你们家孩子太没有主见了，他没有办法拒绝别人。

这孩子没主见吗？他太有主见了，他当着老师的面拒绝了老师三次，你能说他没有主见吗？

所以，当我们看不懂、不理解孩子的行为时，请相信他，而不是否定他、用你的个人观点评判好坏对错，孩子有天然的上进心，他们知道自己在努力什么。

三、相信孩子的能力

任何孩子自己的事，比如处理和小伙伴的矛盾、搭积木、学习等，孩子都有能力自己做好，在孩子向我们寻求帮助之前，我们最好不要主动插手。即便这一次做得不好，孩子在自己处理的过程中，也会习得经验教训，下一次肯定比这一次处理得好。

我一直建议大家在孩子的学习上、玩手机上放手，这个放手的前提是，要相信孩子一定能慢慢地处理好，并给孩子足够的时间让他一点点进步。如果你不相信，那你不可能做到真正的放手，即便放手了，也会一直担心。

事实也是,当你真因为相信孩子的能力而放手、不去干涉孩子的事时,用不了多久,孩子就会处理得很好。我们可以看一位学员给我反馈的案例:

以前录视频作业我总是觉得女儿说得不行,提前告诉她该怎样说,慢慢地每次到需要自己组织语言录视频的时候她就开始问我。

昨天晚上老师又布置了作业需要录制视频上传,她又问我该怎样表达,我正准备告诉她时想到白天学到的"相信",就忍住了,告诉她自己组织语言去录,她说她不知道怎么说,我就告诉她说妈妈相信你能说得很好,然后我就去了旁边照顾弟弟。

她看我不和她说了,就自己在那嘀嘀咕咕地组织语言。等视频录完之后,发现她的语言组织得前所未有地好,我及时给予了肯定,孩子立马信心满满地说:"以后再有这样的作业我就自己做,妈妈只负责帮我录制就好了。"看,这就是放手和相信的力量。

就是这样,我们一定要相信孩子的能力,我们越是因为相信而不插手、不干涉,孩子就会表现得越好,在孩子的各个方面都是这样。

四、相信的时候不应该带有期待

关于相信,有些家长会有疑问,比如一位学员问我:我昨天对孩子做到了完全相信,可是孩子还是不主动写作业,还是玩手机,我就很怀疑到底应不应该相信他。

还有一位学员也给我说过类似的情况：这周开始尝试让孩子自己安排作业，但是效果并不好。比如今天，说好了好好做作业，等到一个小时左右我借口拿书进书房看看他的情况，忍不住偷偷瞄，发现他要么在玩平板，要么在拿笔使劲扎橡皮，试卷干干净净，老师要求的预习也随意写写，最后孩子爸爸还是忍不住一项项盯着他去完成。

是这样的，我们相信孩子，是我们自己的事，和孩子的表现无关。我们不能有这样的期待：我今天相信孩子，不干涉孩子的事，他就必须今天立马把事情都做好，他不能辜负我对他的相信。这样的想法本身就有问题，不现实。

从我们的相信、不干涉，到孩子自己把事情做好，这需要时间，需要一个过程，不是一下就能达到的。但是，如果我们能一直做到坚定地相信孩子，他们一定会把自己的事情做好，这个也是肯定的。

可能孩子还在考察、考验我们呢：我妈说了完全相信我，这是真的吗？于是他们可能故意比平时做得还差劲、更放飞自我。这时我们一定要经受住孩子的考验，守住我们的底线：我说了相信孩子，就要做到，不被孩子"勾引"到不相信、否定他的路上去。

既然让孩子自己安排作业，我们就要提前想清楚：他自己可能安排得很好，也可能安排得很糟糕。我们不能只接受孩子安排得好，而不接受孩子安排得不好，孩子需要一个从不好到好的过程，这个时间，我们要给。

我发现，很多家长就"死"在了孩子从不好到好的过程中。如果你能坚持下来继续相信他，不插手，孩子过一段时间就会处理好，任何事情都是如此，无论是学习写作业还是玩手机打游戏。但是很多家长就是坚持不下来，自己受不了了，担心得不行了，然后又开始干涉，于是一切归零，又回到了起点。然后家长得出来一个结论：我的孩子不值得被我相信。孩子也得出来一个结论：我妈说话不算数，她从来就不相信我。

所以，不是孩子做不好，而是家长要么做不到真正的相信，要么太猴急"死"在了孩子变好的路上。要知道，不是因为孩子能做好，所以我们才去相信他，而是因为我们相信他，所以他才能慢慢地越做越好。

有没有什么标准可以检测一下我们是不是真的相信孩子呢？有六个字：相信而不干涉。如果你在相信孩子的同时能够做到不干涉孩子自己的事，在孩子自己的事上和他划清界限，那么，你就是真的相信孩子；如果你嘴上说相信孩子，但对于孩子自己的事总是插手、过问，比如问他今天计划几点写作业，今天打算玩多长时间手机，那么，可以推断，你并没有完全相信他。

当你什么时候真的和孩子划清了界限、不过多插手孩子自己的事情，而是放心大胆地把孩子的事交给他自己去做，也不必让孩子给你说什么时候开始写作业、玩几分钟手机，那么，你就是真的做到了相信孩子。

+ 总 结 +

每个孩子天性都是积极向上追求卓越的，他们不会无故不求上进自甘堕落，作为家长，我们要相信孩子的善意、相信孩子的上进心、相信孩子的能力，把我们对孩子的相信应用于孩子成长的方方面面，不过多地给孩子干涉。并不是因为孩子做得好所以我们才相信他，而是因为先有了我们的相信，所以孩子才能越做越好。

如果我们真的相信孩子，就会在各个方面给孩子机会让孩子去锻炼，给孩子时间让孩子慢慢成长，当他们做得不好的时候给他们力量让他们克服困难。

回顾与思考

以前你在孩子的哪些事上是不相信他的？以后你会相信他在这些事上能自己做好吗？如果相信，你会做到因为相信而不干涉吗？

第 5 节　尊重

尊重孩子的个人意志，放手让孩子决定自己的事。

有了前面对孩子的接纳、欣赏、陪伴、相信，接下来我们就可以讨论"尊重"和"放手"这一对关键词了。尊重和放手要建立在相信孩子的基础之上，没有相信打底，我们几乎不可能做到果敢地尊重孩子的个人意志，放手让孩子决定自己的事。所以从这个角度来讲，"尊重""放手"和"相信"其实是同一个词，都是要我们给孩子独立自主的选择权和决定权，不过多地干涉、插手孩子自己的事，相信而不干涉。

孩子虽然借由我们来到这个世界上，受我们养育，但他们不是我们的附属品、必须听命于我们，而是一个独立自主的个体，有自己的思想，有自己的灵魂，有自己的特性，有自己的爱好，有自己的梦想，有自己的使命。在天生的上进心和内驱力的驱动下，即便没有我们的谆谆教诲，他们也会成长得很好。我们越是让孩子做自己，孩子将来越能走得更远，飞得更高。

和金庸、黄霑、蔡澜一起被称为"香港四大才子"的倪匡说过一句话：人类社会之所以能发展，就是因为下一代人不听上一代人的话。所以我们一定要谨记，不要举着"为了你好"的旗帜而干扰孩子的主观意识、左右孩子的行为动向，而是尊重、支持孩子的决定，放手给孩子自由。孩子的明天，属于我们做梦都无法想象的未来。

一位学员在学了尊重和放手之后，给我反馈了她的反思：

四岁半的儿子好像从两岁开始就一直在叛逆期，而今天我恍然大悟，不是因为孩子在叛逆期，而是我们不懂得尊重孩子、放手让孩子决定自己的事。

我和他爸爸都有完美主义倾向，我们在教育孩子的过程中经常想左右孩子的想法，比如孩子在家里玩，我们就经常要摆布他，让他按照我们的想法玩。他在黑板上画了很多线条，他爸爸就会让他画一辆车，儿子就开始逆反，最后不欢而散。有的时候晚上读绘本，儿子让我读一个工程车的看图书，我觉得读故事书对他有好处，我拿来故事书，儿子生气不听，导致我也生气不给他读了，两败俱伤。

这样的情况之前经常发生，我和他爸爸竟然还觉得儿子太不听话了。对标老师讲尊重和放手，觉得我俩太可笑了。今后我们要尊重孩子，我觉得这样才能调动起孩子的内驱力，这才是孩子未来长久成长的不竭动力。

如果你真的希望孩子好，就一定不要过多干涉孩子自己，尊重、支持孩子的决定，给孩子自由，把这条原则应用在孩子的各种事情上，如写作业、玩手机、吃饭、穿衣服、交朋友，等等。

尊重孩子该从哪些方面开展呢？我觉得可以从以下三个方面做起。

一、把孩子当成和我们完全平等的、拥有独立人格的个体来相处

我们应该把孩子从小当作成年人相处，比如和他们聊聊工作中的

事、生活中的事，开心的、苦恼的、有意思的、没意思的，都可以和孩子说一说，聊一聊，而不是把他们当成一个什么都不懂的孩子，甚至还随意地批评打骂，或者你们一聊天就是聊学习和别玩手机，好像除了这些没别的话题。

我见过一些家长在这方面做得特别好，他们把孩子从小就当作成年人一样相处，从他们和孩子聊天时的内容、语气、态度中，你就能感受到这个孩子和家长在人格上是完全平等的，是受到家长尊重的。

而我也见过很多家长，他们真的只把孩子当孩子，认为孩子什么都不懂，和孩子聊天的语气中都带有"懒得和你说"的味道。比如孩子问一些工作上的事，家长都懒得给孩子认真说，而只是随意把他打发走。

在这两种氛围下成长的孩子，他们的状态是完全不一样的。第一种家庭的孩子，因为受到了应有的尊重，他们会更愿意和家长配合，也更能发展自己的潜能；而生活在第二种家庭中的孩子，在家长的不屑、打发中，内心并没有被滋养，他们可能会把很大一部分精力用在与家长的抗争中，因而耽误了人格的顺利发展，潜力也无法得到开发。

还有些家长喜欢逗孩子，甚至把孩子逗哭。家长可能觉得没什么，但是逗孩子的过程中很可能包含了不尊重孩子、欺负孩子的味道，从而让孩子感到痛苦难受，继而引起亲子冲突。我们一定要警惕自己的这种做法，不要以逗孩子为乐，比如我们可以看下面这个案例：

一天吃饭的时候，三岁的可乐看到爷爷坐了平时奶奶坐的位置，觉得不对劲，就说：爷爷，你坐的位置不对，这是奶奶的位置。

爷爷看到可乐认真的表情觉得很好玩，就用挑衅的语气对她说：我不想坐我的位置，今天就想坐这儿。可乐有些生气，就冲爷爷喊：啊！

爷爷还在继续逗可乐：爷爷好怕呀。但并没有移动位置，可乐就更大声地冲爷爷喊。

可乐妈妈当时也在旁边，听出了可乐喊声里的愤怒，但是碍于面子也没有及时维护孩子。可乐的喊声越来越大，爷爷扭头对可乐爸爸说：你管不管你闺女呀，你看她又朝我喊了。可乐爸爸语气也不重，只是说了一句"可乐不许这么大声冲爷爷喊，这样没礼貌"，没想到可乐一下子特别愤怒，使劲哭了起来，哭得特别伤心，最后都吐了。

我们知道，每个孩子都会经历秩序敏感期，这个时候的孩子，他们对物体的位置、事情的发展顺序都有着近乎偏执的追求，这是他们智力发展的必经阶段，而上面例子中，三岁的可乐很明显正处于秩序敏感期。其实可乐一开始对爷爷是很友好、很温和的提醒，但是爷爷不但不把可乐的提醒当回事，还挑衅可乐甚至"恶人先告状"，最终导致孩子的一片好心被家长"践踏"，所以才委屈地大哭。

"敏感期"是伟大的教育家蒙台梭利发现并提出来的孩子成长过程中的阶段，蒙台梭利认为，儿童不是按照成人的教导路线成长发展的，而是天生有其内在的成长秩序。到了某一特定的阶段，儿童内心就会产生一种本能般的力量，驱使他们对某一感兴趣的事物进行探索和学习，这种狂热会一直持续，直到孩子的内在需求得到满足，或者这一敏感性结束，才会消失，这种特定阶段就是敏感期。

按照这样内在的成长秩序，孩子每顺利通过一个敏感期，其能力和心智水平便会得到一次提升；但如果儿童在敏感期里遇到了障碍，无法正常发展，他们的心理发展就有可能因此发生紊乱甚至扭曲。

蒙台梭利及其后来的研究学者发现，孩子的成长过程会经历各种各样的敏感期，比如口腔敏感期、语言敏感期、细小事物敏感期、完美敏感期、秩序敏感期、书写敏感期，等等。在口腔敏感期，孩子会把所有能拿到的东西往嘴里放；在秩序敏感期，孩子会要求所有的东西必须在以往固定的位置摆放；在书写敏感期，孩子喜欢拿着笔到处画……

对于没有认真研究过敏感期的家长来说，记住所有敏感期是不现实的，那么有没有一个统一的方法可以让孩子顺利地、充分地度过敏感期呢？有，那就是当我们不理解孩子的行为时，我们就尊重孩子的想法和做法，支持他们，不和孩子对立。

比如可乐让爷爷坐回到原来的位置，那么爷爷就坐回到原来的位置；比如孩子在完美敏感期时，吃东西都要完整的一个、不要妈妈掰开的一半，那么我们就给孩子完整的，而不是固执地说"你吃不了一整个，所以我只能给你半个"；又比如孩子在口腔敏感期时喜欢往嘴里放东西，我们也不必严格制止，让孩子充分体验，只要保证东西干净即可。我们越是这么尊重孩子、让孩子按自己的想法去体验，孩子越容易顺利度过这一敏感期。

再回到可乐的爷爷逗可乐这件事中来，我们成年人有时候就是这么"不懂事"，用一些让孩子生气的方式来逗孩子，这样看似是在和孩子玩，对孩子却非常不友好，对他们的伤害很大。我们会用这样的方式对待一个成年人吗？我想一定不会，但是我们可能会用这样的方式来对待一个孩子。

经常有一些妈妈给我诉苦说：我的孩子特别不尊重我，他现在大了，总是冲我大喊大叫，还摔门。有些家长还说孩子会对自己动手，特别委屈，自己为孩子付出了那么多，最后却得到这么一个结局。

孩子最爱的人一定是自己的妈妈，小的时候他会捧着妈妈的脸一遍一遍地对妈妈说"我爱你"。这么爱自己妈妈的小孩，为什么会不尊重自己的妈妈，甚至向妈妈动手呢？一定是他受了妈妈太多的不友好对待，所以一点点被弄成了现在的样子。如果我们一直尊重孩子，对他温柔以待，孩子是肯定不会让我们受委屈让我们难过的，更不会伤害家长。

尊重是相互的，在与孩子相处的过程中，家长往往处于主动的、强势的位置，我们想要孩子尊重我们，我们首先得尊重孩子，把孩子当成一个完整的、成熟的人与他们平等地相处、生活。

二、尊重孩子的选择和决定，不过多干涉孩子自己的事

这个很重要，也很难做到，在一定程度上是检验家长是否合格的一块"试金石"。

我有一个学员，以前担心孩子洗澡时间太长对身体不好，从而每次孩子洗澡没有洗完，还不想从卫生间出来的时候，硬要把孩子弄出来，奶奶甚至有时候见孩子不出来都会冲进卫生间把孩子赶出来。这可是一个十来岁的男孩，一个连洗澡的时间都总是被家长横加干涉的孩子，他如何成长出自由的灵魂！

人人都会为自己做最好的选择，孩子也一样。对于孩子自己的事，我们尽量交给孩子决定，尊重并支持孩子的选择，我们家长最多提一些建议。我们的建议孩子要不要参考，那也是孩子的事，比如孩子是先写作业再玩，还是先玩再写作业，比如孩子穿什么样的衣服、和谁交朋友、玩什么样的游戏、学什么兴趣班，等等。

我们来看两个家长反馈给我的关于尊重孩子选择的真实案例：

在孩子刚上小学时，学校下午有选修课，我让孩子自己选，等他选完了，我还要给他做思想工作，进行调整。当时孩子喜欢折纸，也选了折纸课，我硬是给孩子换成软笔书法。我的理由是，书法是国粹，能让我家这个淘气的孩子儒雅稳重。现在想来，难怪孩子上课还折纸呢，因为他的喜好没有被满足。我还是不相信孩子，觉得那么小的孩子不一定会选，同时，我当时还认为我是为孩子好，为长远考虑。

很多家长都这样，觉得自己比孩子明白事理，所以干涉孩子的选择，家长的选择真的对孩子更有利吗？就像上面这位家长，孩子选了书法就一定比折纸好吗？并不一定，他可能一点儿都不喜欢书法，但有极高的折纸天赋，未来也许会成为一个折纸大师。

我想起了女儿小学五年级的一件事，寒假时学校老师建议擅长画画的女儿参加两种绘画类比赛活动，女儿本来都不愿意（当时在我看来她就是寒假想玩，不想花时间参赛），但在我的威逼利诱、用尽方法下，最终她还是同意参赛。

后来女儿说起这件事时，我才知道当时对她的伤害有多大。如果时光倒流，回到那个时候，我会尊重女儿的意愿，同意她的选择。我总希望她能利用自己的特长多参加比赛多拿奖状给小升初的简历贴金，而女儿则不想参加任何比赛活动，觉得随心画就好。也许是因为我不能接纳平庸的自己，才不接纳孩子。

再举个例子，有些孩子是左撇子，我们更要接纳、尊重孩子这样的天性，不要非逼着孩子用右手吃饭、写字。

我有段时间每天在北京昌平图书馆的自习室处理工作（因为那里安静，没有人打扰），经常遇到一位用左手写字的女孩，我特意问她：左手写字有没有什么不方便之处？女孩说一点都没有，写出来的字和我们写的一样流畅。当时她正在复习英语，我见她用左手写的英语单词非常流畅。

可能很多人觉得写字一定要用右手，其实这都是我们的执念，左手照样能写出来漂亮字。连用左手写字我们都要尊重孩子，那么，平时生活中的绝大部分事，我们也同样应该尊重孩子的选择。

我们还要尊重孩子对自有物品的处置权，比如孩子要不要把玩具分享给小伙伴。如果孩子不愿意将自己的玩具分享给伙伴，我们家长不应该暗示、强迫孩子分享，也不应该用夸奖、赞赏的语言来刺激孩子分享。

有一天幼儿园放学后，我接上多米，和其他一些小朋友在小区的一块空地上追逐打闹。壮壮本来在骑平衡车，看见我们玩得热闹，放下平衡车也加入了我们的游戏。和壮壮同班的一个小朋友看到壮壮放下的平衡车后就去骑，壮壮不愿意了，又把车子要了回来，然后那个孩子就哭了。

壮壮的爷爷这时候走到壮壮面前，居高临下地指着壮壮大声批评，大意是：他是你同学，你要和他分享，不能这么小气。壮壮被爷爷吓得哇哇大哭，任凭爷爷说什么就是不把自己的平衡车让给同学。

我们很多家长会犯这样的错误，当孩子不愿分享的时候，家长就去引导、教育，或者逼迫孩子分享，为的是让孩子学会"分享"这一美好的品德，其实这是非常错误的做法。一个孩子在确保自己的玩具完全属于自己后，如果想要和别人玩，家长适当提醒一下，他自然就会分享，这本是自然而然的事情。过度地要求孩子分享，剥夺孩子对自己物品的决定权，会让孩子因为没有安全感而变得更加小气。

我们尊重孩子自己的选择，把选择权、决定权交给孩子，是基于对孩子的信任，哪怕他们可能会走一些弯路，有时候跳进一些坑里、犯一些错误、栽一些跟头，这也是孩子成长的必经之路。我们不应该为了孩子一切顺利而想要直接帮他们做最好的决定，把自己的经验和教训直接塞给他们，剥夺他们体验的权利。要知道，孩子的经验需要自己积累，只有自己经历了、体验了，做对了或者做错了，这些经验才是他们自己的。

三、听从孩子的安排，满足孩子的需求

尊重孩子，我们还要学会听从孩子的安排，尽量满足孩子的需求。比如陪孩子玩游戏的时候，我们要听从孩子的指挥，而不是我们来主导；甚至其他事情，比如中午大家吃什么饭、家里要不要添一件家具、假期去哪里玩，等等，这些事情我们都可以听一听孩子的建议，甚至听从孩子的安排。

当我们经常对孩子说"听你的、你说了算"，你想，孩子的内心会多么美妙。

当我们愿意听从孩子的建议时，在必要的时候孩子自然也乐意听我们的建议，和我们合作。比如有危险的时候，或者可能影响别人我们提

醒孩子的时候，或者孩子玩手机时间长了、需要休息一下的时候，他们一定也愿意听我们的，和我们合作。

有一些家长会说，孩子特别不听话，在家不听家长的话，在学校不听老师的话，这些家长就要反思一下：你有没有听过孩子的话？如果你没有听过孩子的话，那么他为什么要听你的话呢？为什么要听老师的话呢？

听从孩子的安排，那我们需要都听孩子的吗？比如孩子今天要求买这个玩具，明天要求买那个玩具，难不成我都要听他的、都给他买吗？

孙瑞雪老师在《爱和自由》中说过这么一句话：尽量让零到六岁的孩子满足，他不会要超过他需要的东西。经过这么多年对家庭教育的学习、研究和实践，我发现，不仅零到六岁的孩子不会要超过他需要的东西，六岁以上的孩子一样不会要超过他需要的东西，作为成年人的我们可能暂时不理解孩子需求背后的原因，但也不应该随意否定孩子这些需求的合理性。

如果孩子要，一定是因为他需要，我们不能从成年人的角度去判断他的这个需求合理不合理、应该不应该，因为我们的判断会受到太多世俗成见的干扰，我们不应该去评判。如果你可以满足，就满足；如果你不能满足，就明确告诉孩子妈妈没法满足你，而不是用"你的这个需求不合理"来回绝孩子。

比如孩子每次去商场都要玩具，而且每次要的玩具都差不多，每次都要奥特曼，每次都要洋娃娃，等等。可能从我们家长的角度来看，每次都买玩具浪费钱，而且回到家孩子就把东西放那儿了，也不玩，于是我们就认为这个需求是不合理的。其实并不是，孩子当下对那个玩具的需求，这种心理，难道就不是实实在在发生的吗？

也不必担心一直被满足的孩子会得寸进尺、永无满足，不会的，孩子知道自己要什么不要什么，只有缺爱的孩子才会通过毫无节制地要东西来弥补心理上缺爱的空洞，而爱是无法通过物质来弥补的，所以这些孩子才会表现得索求无度。

当孩子想要什么的时候，如果我们能及时地、愉快地、没有任何附加条件地满足他，孩子自然不会贪得无厌，每个孩子都很懂事，如果有时我们确实无法满足，就如实地告诉他，孩子自然也愿意体谅我们。

有天晚上多米说想吃冰激凌，让我到楼下超市给他买一个回来。当时我没有太当回事，正好这时他的好朋友蓦然来我们家找他玩，多米可能也把这事忘了，就没有再提，一直和蓦然玩。

等蓦然走了，多米又想起来冰激凌的事，就让我给他买。当时已经是晚上9点半了，我说可能现在超市关门了，明天买行不行，多米就很难过地边哭边说："早就给你说了，为什么你没有早点去买？"

看他哭得难过，我和他商量说："那我现在以最快的速度去超市，看看超市关门没，如果没关，我就给你买回来，如果关了，爸爸也没办法了。"我们楼下的超市一直是晚上9点半左右关门，这个多米也知道，所以他说可以。

于是我赶紧去超市，正好赶上他们要关门，还可以买，于是我买了一个回来给多米吃，多米吃得很开心。

他吃的时候我就反思这件事，刚才自己确实没有把多米的话太当回事，后来等他吃完了我对他说："你开始给爸爸说了想吃冰激凌，但是爸爸没当回事、没有及时给你买，导致你后来难过地哭了我才给你买，看到你哭我也很难过。以后呢，你想要的东西，只要爸爸觉得可以买的，我一定会尽量马上给你买回来，这样你就不用哭了。"

多米有一些哽咽地对我说："爸爸，你这么说，我差点儿又哭了。"我媳妇说，多米的眼睛里都有眼泪在打转了，是感动的。

这件事情发生在星期一，后面的好多天，多米并没有因为我的承诺而让我给他买冰激凌，他并没有贪得无厌。

所有的孩子都是这样，当我们及时满足了孩子的需求时，他就安心了，自然不会贪得无厌。很多妈妈担心及时答应孩子的要求会惯坏了孩子，其实并不会，孩子并不像我们想的那样不知好歹，他们非常纯真。

了解我的人都知道，我是一个对孩子非常"纵容"的人，不仅对我自己的孩子纵容，对别的小朋友也很纵容，我媳妇也是这样。比如多米的朋友们来我们家玩，他们可以随意在家里玩，我和我媳妇往往都不会限制，比如他们会跳到床上把被子扔到地上，把床垫子掀起来在下面钻来钻去，在墙上画画，或者用彩笔给我脸上乱画，我们都不会限制。

有一些朋友就会说：你俩性格真好，要是我肯定不让他们这样，我可不愿意给他们收拾，而且他们玩别的也可以玩得开心呀，为什么非要这样呢？

这里就涉及一个问题：当孩子的需求和我们成年人的需求有冲突时，你是愿意为了让孩子有更多的体验而做出让步，还是为了让自己省一些收拾的力气而让孩子做出让步？我愿意为了满足孩子们而让步。家里乱了，我花一些时间收拾一下就好，而且收拾的时候我也从来不会抱怨；墙被画乱了，我觉得也很好看，谁说只有干干净净的白墙才好看？

但如果因为懒得收拾而不让孩子们放肆地玩耍，我就会觉得非常可惜，虽然他们也可以安静地玩别的，但毕竟这种疯狂的体验他没有过，而这种疯狂的体验，孩子的一辈子才能有几次呀，你说呢？

+ 总　结 +

孩子虽然是我们的晚辈、被我们养育，但他们仍希望得到我们的尊重，而作为一个拥有独立人格的个体，孩子确实也应该被我们尊重，只有被尊重，孩子才会成长出健康的自尊体系。

如何表达对孩子的尊重呢？可以从三方面着手：第一，把孩子当成和我们完全平等的、拥有独立人格的个体来相处；第二，对于孩子自己的事，我们要尊重孩子的选择而不多加干涉；第三，对于孩子的需求，我们应该尽力满足；如果不能满足我们就明确告知，而不是从成年人的角度去评判孩子的需求是否合理。

回顾与思考

在以往和孩子的生活中，你觉得孩子能感受到你对他的尊重吗？为什么呢？你可以问一问孩子，问一问他有没有觉得自己是被你尊重的，为什么。

第 6 节 界限

孩子需要自由，同样也需要必要的约束与界限。

俗话说：心有戒尺，行有所止。来自家长的信任、宽容给孩子轻松感、自主感，为他们最大限度地发挥主观能动性、开发自我潜能创造条件，而界限给他们边界感，让其建立为人行事的底线，从而避免做出出格的行为。

美国著名教育家珍妮特·米纳曾经做过一个比喻：孩子对界限的需求就像是我们在黑暗中开车过桥，如果桥的两边没有栏杆，我们就会慢慢地、试探性地通过；而如果我们看到两边的栏杆了，便可以轻松而自信地开车通过。

很多家长的问题并非不给孩子立界限立规矩，而是"该立的不立、不该立的乱立"。比如有些家庭规定孩子上厕所不能超过多少时间，洗澡不能超过多少时间，吃饭时不能看电视，一边写作业一边听歌也不行。这些限制有必要吗？可能没有必要，这些规矩、约束，会成为孩子人格发展的桎梏。

还有些家长在约束孩子方面并非依据原则，而是依据自己的心情。如若当时自己心情好，那么孩子动手打人都假装看不见；若自己心情不好，哪怕孩子在打扫卫生都会被找碴儿。为什么一些孩子会表现得唯唯诺诺，早早学会了察言观色？因为家长总是依据自己的心情给孩子脸色，要么甩脸子，要么直接语言攻击。

那么给孩子约束与界限，有没有什么原则呢？当然有，可以参考以下三个方面的原则。

一、约束尽量少，没有必要的一概不设

只要不涉及孩子的安全问题和道德问题，不危害到孩子的安全健康，也不影响别人，就没必要约束孩子。我们要以人格培养为核心，砍掉那些没有必要的约束和规矩。

伟大的教育家蒙台梭利提出了"精神胚胎"的概念，她指出，孩子是带着精神胚胎来到这个世界上的，孩子在精神胚胎的指导下自然会茁壮成长，根本不需要家长太多的干涉和引导，家长不必一直想着教育引导孩子，只需要给孩子提供一个宽松自在的环境，孩子就会成长得很好。

但很多家长还没有明白这个道理，认为用心给孩子立规矩就是对孩子负责任，就是在用心教育孩子。如果你以前也这样认为，是时候改变一下思路了，相对于约束，孩子更需要的是自由。

有些家长的约束很隐蔽，比如给孩子定计划，或者要求孩子自己定计划，然后让孩子执行计划，如果没有执行，就说孩子的执行力不够。我在写这一节的时候正值暑假，跟我学习的一些学员就在讨论如何给孩子制订一个科学的暑假计划，从而让孩子这个暑假"不白过、不浪费"。

所谓的"不白过、不浪费"都是用"功利"二字来衡量的，如果孩子预习了下学期的功课，练了字，学了乐器，做了专注力训练，就是"没白过"；如果孩子痛快地玩了一个暑假的游戏，只是完成了学校老师布置的作业，就是"白过了、浪费了"。

这种认知如此浅薄，好像只有学习、练习才是有意义的、有价值的，美美地玩上一个假期就是堕落，孩子游戏时美妙的、舒畅的感受没有任何意义，我们总是为了头脑中孩子那虚幻的将来而忽视了他们真实的当下。

有些家长可能会反驳说：别人家的孩子放假时都更拼，如果自己的孩子不努力就是倒退，以后就会被远远地甩在后面。一些网上的文章也煽风点火，比如我看到这样一篇文章的标题："废掉一个孩子最快的方式，就是让他用喜欢的方式过暑假"。很多家长被这种不负责任的文章点燃了内心的焦虑，加入到了"鸡娃"的大军。一个暑假没学就会废掉，这可能吗？

而且让人遗憾的是，我们给孩子制订的，或者让孩子自己制订的各种计划，他们往往并不能如计划执行。下面是一位学员给我反馈的她暑假给孩子制订计划的事：

前年暑假时，我给孩子定了一个作息表：每天起床、睡觉、吃饭、锻炼、写作业、上网课、娱乐这些项目都有要求的时间点。孩子不太情愿地照着做了不到一周就不干了。现在反思一下，就是约束太多太复杂，没必要也难以坚持。孩子好不容易放假了，自己可以相对自由地安排生活和学习，我怎么能制定那么多条条框框控制孩子！

为什么孩子不能执行计划呢？背后的原因是这些计划根本就不合理，孩子不需要有清晰明确的计划，他们大体知道什么事重要、什么事必须做就可以了，重要的事他们自然会完成。

除了不按计划行事，还有很多家长觉得自己的孩子不听话，特难管。为什么呢？有一个很重要的原因就是你管得太多了，给孩子的约束太多了，你的手伸得太长了，大到考大学选专业找对象，小到孩子穿衣吃饭玩游戏，家长都要管，走路要慢不能跑，土太脏不能玩，零食有添加剂不能吃，手机坏眼睛不能玩……对孩子的束缚太多了，孩子自然会抵抗。

管教的第一个原则是少管，正如尹建莉老师所提倡的：不管是最好的管。家长管得少，孩子才愿意听，生活中不必给孩子定太多条条框框，那些都是锁住孩子的枷锁。

现在你就可以依据这一条原则，梳理一下自己对孩子的约束哪些是没有必要的，直接将其抛弃，永不再用。假如原来走在错误的路上，现在停下来就是进步。

二、不伤害不妨碍原则

那么，在什么情况下家长要给孩子立规矩、设界限呢？这就要依据不伤害不妨碍原则：当孩子有可能伤害到别人或者妨碍到别人时，家长一定要加以约束和提醒，尽量不给别人造成麻烦和伤害。比如有些小朋友看到别人的玩具好就直接动手抢，或者小孩子在外面吃完了苹果却直接把苹果核扔到地上，这时家长就一定要加以制止和引导，明确告诉孩子这样不对、不能这么做。

举个我自己的例子：

有一次我们一家三口坐地铁，路程很远，需要坐很长时间。不过还好，因为我们是在始发站上车的，所以有座位。地铁上人很多，站着的乘客都很拥挤，多米因为坐车时间太久，就想要伸一伸腿，这样就踢到了别人。

我扶住他的腿，告诉他这样会踢到别人，不可以，咱们忍耐一下。多米不乐意了，大声抗议说我就要伸。我说爸爸知道你很不舒服，想活动一下，咱们再坚持一下就要下车了。多米还是大声地抗议。然后我告诉他：如果你再这样的话，爸爸妈妈只能先带你下车，等你什么时候休息好了，咱们再坐下一辆。

多米并没有理会，还是闹腾，于是我和他妈妈抱着他穿过人群在下一站下了车，在站台上让他玩了一会儿，直到他说可以了我们才又上车。那次以后，多米坐地铁再也没有这样闹过。

其实平时我们对多米的约束很少，但到了可能影响到别人的时候，我和他妈妈态度都非常明确。

如果孩子的行为已经对别人造成了影响，这时家长还不明确制止的话，就是对孩子的纵容，不但会给别人造成损失，还可能给孩子的将来埋下隐患，有一句话说，"如果你不教育孩子，社会上总有人会代替你教育他"。

2021年夏天，在河南洛阳的一个电影院内，一个小孩在看电影的时候，跑到银幕前多次拍打银幕，最终造成银幕损坏。孩子家长不但没有出面制止，当电影院的工作人员来找孩子的家长沟通时，家长居然说这事应该由电影院负责，因为电影院没有尽到告知银幕不可以触摸和拍打的义务。

后来电影院只能报警，警察来了以后，还是没能协商成功，家长仍然以电影院没有提醒顾客不可以触碰银幕为由拒绝赔偿，而且家长还称自己的孩子身心受到了伤害。

类似这种孩子影响到了别人，可能会给别人的身体、财产造成损失的事情，我们一定要及时出面制止，不一定打骂，明确地、严肃地告诉孩子不可以就行。如果孩子不听，我们可以把孩子带走，离开那个环境。

一般情况下，如果我们做到了第一条原则，尽量少管、没必要的不管，那么到了需要约束孩子的时候，我们认真明确地告诉孩子，孩子也愿意听我们的话、和我们合作，因为我们平时足够尊重他，关键时刻他也愿意尊重我们。

所谓"惯子如害子"，就是指纵容孩子做那些危害别人、危害社会的事情而不加约束。这个底线我们一定要帮孩子守住，孩子才不会无底线地试探，从而给自己或他人造成无法挽回的损失。

三、约束时温柔而坚定

蒙台梭利说："父母的规则应该尽量少立，但立了，就一定要遵守。"规则和约束要少而精，没必要的一概不定，但只要定下，就一定要执行，执行的时候要尽量做到温柔而坚定。

我们如何做到温柔而坚定呢？尹建莉老师在《好妈妈胜过好老师》一书中讲了一个自己女儿的例子，我觉得特别完美，如下：

记得圆圆三四岁时，有一次和我去超市，她要买一种加了很多色素的饮料。可能是她看到别的小朋友喝这个，而我是坚决反对的。我很肯定地告诉她这个不能买，不卫生，无论什么时候都不可以喝这个。她当时很生气，不肯离开那个地方，最后干脆躺地上哭闹。

我不生气，就像平时看她玩沙子一样，若无其事地等着她。在等的过程中我还看看别的商品，和营业员说句话。她发现我不生气，不在意她的脾气，哭闹得更厉害。

地面很凉，也脏，她的衣服弄脏了，路过的人都在看她。我沉住气就是不着急，待她哭不动了，我蹲下身，用商量的口气问她，咱们走吧？她见我来关照她了，就又开始哭闹，我就又没事人似的站起来，在她跟前溜达等待。

这样几个回合后，她没劲了，我又蹲下微笑着问她，好了吗，可以走了吗？她意识到再闹也就这样了，乖乖地站起来。我拉着她的小手，就像事情发生前一样，高高兴兴地走了。

我连一句批评的话都没说，也没再给她讲道理，因为道理刚才已经讲过了。圆圆此后再没提过要喝那种饮料。而且，凡是我态度肯定地说不买的东西，她就不再坚持，非常听话。

我们在约束孩子时难免会遭到孩子的反抗，撒泼打滚是孩子惯用的伎俩，就像尹建莉老师一样，如果我们能做到平静地看孩子"表演"，让孩子可劲儿发挥，最后他们一定会明白这样的"表演"不会起到任何作用。你都无须打他、骂他，强把孩子拉扯走。

最怕的是家长怕丢面子而对孩子做了妥协，那么下次孩子一定会故技重演，因为他知道这样可以操控你。如果当时你把孩子暴揍一顿，这也不合适，毕竟这会伤害你们之间的关系。最好的做法，就是像尹建莉老师那样，安静地看他表演，等着他平息下来，然后像没事人一样带他离开。

每当我们给孩子定了一个必要的规矩，都应该这样温柔而坚定地执行，任何规则都这样，这是我们定规则、执行规则的原则。

关于界限、给孩子立规矩，如果我们能把握住这三个原则，就不会有问题。界限表面看是对孩子的约束，实则是对孩子的保护，保护他们始终在健康人格的路上成长。

到目前为止，我们一共讲了六个亲子关系的关键词，它们分别是：接纳、欣赏、陪伴、相信、尊重、界限。这六个关键词的实践是有顺序的，第一个一定是接纳，最后才是界限。因为前面的五个，是我们在努力与孩子建立美好的亲子关系，最后的界限，是对孩子进行约束。约束是必须的，但是一定要有良好的亲子关系打底，如果没有，那么家长对孩子的约束一定会遭到孩子的反抗。

所以除了这六个关键词的内容之外，它们的先后顺序我们一定也要明了，不能乱，尤其不能让"界限"插队跑到前面。

我经常听到一些家长说：孩子到了两岁，就要给他立规矩，要不以后就管不住了。规矩能立吗？当然能，但前提是，规矩之前的那些关键词你做得怎么样，如果你之前没有做到对孩子的接纳，没有经常发现孩子的闪光点并肯定他，没有天天陪孩子玩一会儿游戏，没有坚定地相信孩子，并因此而不干涉孩子，那么你去立规矩就很危险，十有八九，孩子会报之以叛逆、反抗、哭闹，或者唯唯诺诺、胆小怕事。

曾子在《大学》里说："物有本末，事有终始，知所先后，则近道矣。"这个先后的顺序，我们可不能乱。

+ 总　结 +

　　孩子需要自由，同样也需要界限，给孩子设定界限是必须的，但应该满足以下三个原则：第一，界限尽量要少，没有必要的一概不设；第二，不伤害不妨碍原则，孩子的行为不能影响甚至伤害别人；第三，我们设定的约束在实施的时候，一定要做到温柔而坚定，温柔可以保证孩子不被我们伤害，坚定可以让孩子清晰我们的原则。

　　但在给孩子约束之前，我们要先做好接纳、欣赏、陪伴、相信、尊重这些关键词，如果这些关键词还没有做好我们就直接给孩子约束，大概率孩子是会反抗的。

回顾与思考

　　以往你对孩子定的规矩中，现在看来，哪些是没有必要的？

03

亲子关系中的减法

第 1 节　不越界
第 2 节　不着急
第 3 节　不期待
第 4 节　不对比
第 5 节　不指责
第 6 节　不奖罚
小　结

亲子之间原本就存在天然的亲密关系，为什么有些家庭里，随着孩子的长大，亲子关系反而越来越糟糕了呢？一定是我们家长做错了什么。

这一章，我会给你们指出有哪些事情是我们家长不应该做的，做了就是对亲子关系的破坏，对孩子的成长不利，我们有则改之，无则加勉。

第1节　不越界

分清哪些是家长的事、哪些是孩子的事，我们坚决不越界。

作为家长的我们往往会插手孩子自己的事，但是，在孩子没有主动向我们寻求帮助的情况下，我们强势介入孩子自己的事就是越界。每个孩子都渴望人格独立，越界会直接破坏亲子关系，影响孩子独立人格的发展，所以我们要分清哪些是家长的事，哪些是孩子的事，守住我们和孩子的界限，坚决不越界。

越界的表现主要有三种：第一是对孩子的管控，要求孩子必须做什么以及不能做什么；第二是直接包办孩子的事，替孩子做决定；第三是孩子没有向我们请教时，我们就主动对孩子教育引导。

一、管控

"不管不成才"是很多家长信奉的金科玉律，很多家长为了教育好自己的孩子，非常用心，在很多方面对孩子管得井井有条面面俱到，比如孩子吃多少饭，和什么样的小朋友玩，什么样的天穿什么样的衣服，几点回家，等等，好像没有了我们家长的管控，孩子就会乱套、就会出问题一样。

一位学员给我说：以前信奉的就是好孩子是管出来的，大人不管，孩子就不会变优秀，所以会要求孩子什么时候起床，什么时候做作业，电视和手机只能看二十分钟。越管，孩子越对着干，导致我总会因为看电视、玩手机超时而批评他，而他会想尽一切办法来看电视玩手机，越控制他就越控制不住，通过这段时间的学习才知道我们才是孩子变优秀道路上的绊脚石。

其实相对于家长的管控，孩子更需要的是家长信任下给他们的自由，过多的管控会破坏孩子成长的体验，也会破坏亲子关系。为什么很多孩子长大一点就叛逆，就是因为家长对孩子没必要的管控太多。相对于说孩子叛逆，我更愿意说家长叛逆，家长非要插手孩子自己的事，于是孩子就用叛逆来"反击"。

举一个例子，这个例子可能有一些极端，但也有代表性。2006年3月24日，《现代快报》登载了一封自称为"自由天使"的女儿写给母亲的"挑战书"，内容是这样的：

张××：

我感谢你生育了我，但我不是你的奴隶，我是一个自由的人。从今天开始，如果你还想要我这个女儿，必须做到如下十条：

1. 不许动我的书包、抽屉；
2. 不许看我的聊天记录、日记；
3. 不许强迫我穿你买的超级难看的衣服；
4. 不许拦截我的电话；
5. 不许当着亲戚朋友的面说我比别的孩子差；
6. 允许我每天晚上有一小时的自由支配时间；
7. 允许我每周日9点起床；
8. 允许我的朋友到家里做客；
9. 允许我听孙燕姿、周杰伦的歌；
10. 允许我反驳你的意见。

如果你做不到其中任何一项，我宁可露宿街头，去做小偷，也要毫不犹豫地离开这个家，让你永远也找不到我！我说到做到！

从这位自称"自由天使"女孩的"挑战书"中我们可以看出，家长对孩子的管控有多严格，居然都不允许孩子听孙燕姿、周杰伦的歌，这难道也是为了孩子好吗？

也许你不会管孩子听什么样的歌、不会看孩子的日记，但也可能做出其他类似的一些毫无意义的管控，这个是我们需要注意的。比如下面这些案例：

一、有一天晚上，我看见大宝戴着耳塞在玩游戏，就叫他不要戴耳塞，把它摘下来。大宝听见了，就反过来问我，为什么不让他戴耳塞，他又不是长期佩戴。我就说，就是不行！

二、为了让孩子吃饭快点，每次吃饭的时候，我都会在餐桌上放一个计时器。

三、孩子上小学低年级时，为了让他养成良好的学习习惯，特别是时间管理，我基本都要求他放学后先写完作业才能玩，而且挺严格的，他刚回到家，就马上叫他写作业了。到了小学中高年级后，他开始有了一些反抗，不同意回家马上写作业了，总找借口吃些东西，或者有时干脆跟同学在楼下玩到自己高兴为止才回家。我们发现后，就会不停地给他打电话手表让他立刻回家，甚至下楼找他回家。有时候他和同学正玩在兴头上，就被我打断，气鼓鼓地回家，亲子关系相当不和谐。

四、以前孩子在客厅玩完玩具不收拾，我就一遍一遍地追着她催她收拾利落，直到我看着满意，我还认为这是在培养好习惯。还有在吃饭的时候，不让孩子挑食，不让她敲桌子，不让她哼哼唧唧，不让她光着脚，不让她乱放书。现在看，这就是最直接最普遍的管控。

五、由于自己在职场上是一个管理者，所以经常会带着那种"管理"的情绪回到家，给孩子立规矩讲标准，今天回望了自己曾经立下的那些不可理喻的规矩：吃饭不能发出声音，吃饭不能在客厅必须回餐厅，吃饭坐姿要端正，要端碗，不能一边吃东西一边看别处，9点必须上床睡觉，周末也不能赖床，书包必须挂在衣帽架上，鞋子要放进鞋柜里，做完作业才能出去玩，玩完玩具必须收拾干净整齐，不许吃糖果，不能喝垃圾饮料……还有很多诸如此类的，这简直有点可怕啊，事实上，上面说的那些管控对事情的结果没有啥作用，孩子还是爱吃糖果，他会偷偷地吃，也会偷偷地买垃圾饮料喝，他还是喜欢去客厅看着平板吃东西，他的书包还是喜欢扔在椅子上，鞋子就在地上躺着，晚上9点不睡觉……

上面这些案例，都是家长为了孩子好，在不同方面对孩子进行的管控，初衷当然是好的，但结果却是孩子不领情、反抗。尹建莉老师说："少立规矩就是保障自由、提高爱的质量的重要方式之一，有一个物质丰富的童年不是件坏事，但拥有心理丰盈的童年才是人生的幸运。"

给孩子太多规矩管控，看似是对孩子教育的用心，实则是对孩子不相信的心理在作祟，最终伤害的是亲子关系，以及让孩子失去了不断探索的勇气与能力。孙瑞雪老师在《爱和自由》一书中说："实际上，一个人的低能完全来自于0-6岁受到了成人的控制。"我觉得孙老师这句话中的"0-6岁"这几个字完全可以去掉，无论多大的孩子，只要家长对孩子在一些方面有控制，孩子在这些方面的能力就会萎缩。

有些家长会说，那我就完全不管孩子了吗？我现在更愿意用"不干涉"这个词，而不愿意说"不管"。家长很多对孩子的管都是干涉，这种干涉会破坏亲子关系、影响孩子的成长。

有一次我接多米幼儿园放学后，陪孩子们在小区玩。小朋友们在地上挖了一条"小河"，从旁边的打水机上用瓶子接废水，然后倒在挖的"小河"里玩。那天机器里的水不多了，水流很慢，每一个孩子都要好久才能接满一矿泉水瓶，而且还得排队接水。

为了让孩子们能多玩一会儿自己好不容易接来的水，一个孩子的姥爷就用工具帮孩子们在他们各自的瓶盖上打了一个小洞，这样孩子们把瓶子里的水通过这个洞挤到挖的"河"里，可以玩得时间更长一些，孩子们也乐于这样玩。

一个小朋友好容易排队接了半瓶水，但并没有像其他小朋友一样盖上瓶盖慢慢往出挤，而是直接把接来的水倒在了"小河"里。

他妈妈看到儿子好容易接了半瓶水但这么快倒没了，就特别生气，口气很冲地喊孩子："你为什么倒了呀！好容易半天接那么点，你这么倒了多可惜！"

孩子能听出来妈妈的责备，于是就跑到旁边草地上哭鼻子。因为是男孩，自己又委屈，所以哭的声音还挺大。

妈妈这时候又说了："说你还哭，不许哭，再哭我回家了！"说着就往家的方向走，这位妈妈经常拿回家威胁孩子。孩子当然不想回家，好容易放学在小区玩一会儿，就赶紧跑过去，拉着妈妈哭着说不回家不回家。妈妈问："还哭不哭了？"孩子只能忍着说不哭了。

孩子自己接来的水，人家乐意一秒钟倒掉，这也是人家的自由啊，他高兴、痛快就好，为何非要干涉孩子玩耍的独立性呢？可见我们家长有时候多么"不讲理"啊！

别说这样的干涉，有时候我们家长对孩子善意的提醒、关心，可能也会让孩子觉得不舒服。家庭教育专家王占郡老师在一次讲课中就讲过这样的一件事：

有一次王老师开车送女儿上课外班，女儿坐在车后面，美美地喝咖啡，王老师担心女儿把咖啡洒在车上，所以他就一边开车一边提醒女儿可以把咖啡放在卡座上，这样就不会洒在车上了。王老师讲课时说，他刚说完这句话就后悔了，因为他预料到女儿可能会提出她的不同看法。果然，她女儿就说："爸爸，我刚想放，你就提醒我，你怎么总是这样呢？你说，现在我放还是不放呢？我如果放了的话，算我的，还是算你的呀？"

我也经历过这样的事：

有天晚上我和媳妇一起回家，当时天气有一些阴沉，感觉要下雨的样子。下了公交车往家走的时候，媳妇告诉我，我妈给她发了一条信息，大概意思是：要下雨了，你下了地铁后别坐公交车，打车回家。

这是一句非常好的长辈关爱晚辈的话，按理说，我们心里应该感到温暖，但是我媳妇有些内疚地和我说，她也知道我妈是出于对她的关心才这么说，但是她心里却有一种不舒服的感觉。

我媳妇和我妈平时相处得很好，所以当她心里有这种不舒服的感觉时就很内疚，然后问我这是怎么了，是不是自己有什么问题？

其实并不是我媳妇有什么问题，而是我妈这话稍微有一点点越界了，因为我妈直接告诉她"别坐公交车，打车回家"，但要怎么回家，这是我媳妇的事情，别人直接告诉她如何做就是对她的侵犯，所以她才会觉得有点儿不舒服。如果我妈妈只是提醒说：我看天气好像要下雨了，你注意安全。我想，我媳妇一定不会有不舒服和内疚的感觉了。

孩子也是一样，虽然他们年纪小，但是人格依然想要独立，我们尽量不要干涉他自己的事。比如很多家长会要求孩子放学后先写作业再玩，有的家长甚至会陪在孩子身边盯着孩子写，这看似是在非常用心地管孩子，其实是干涉了孩子对作业的自由支配，大概率会让孩子越来越讨厌写作业，从而变得越来越拖延。

那完全不管孩子吗？当然也不是，我们前面讲过"界限"这个关键词，当孩子所做的事可能伤害到别人的时候，我们一定要管，比如你带孩子去图书馆，孩子在里面高兴地大喊大叫，这时你一定要告诉他，如果他不安静下来，就要带他出去，因为他影响到了别人。而一般孩子的事是不会影响别人的，所以我们家长要做的，就是在相信的前提下，把自由权交给孩子，我们始终要坚信：孩子在"精神胚胎"的指引下，会成长得很好。

我国心理学家李雪在她的《当我遇见一个人》一书中说："父母控制欲的手伸向哪里，孩子一生都将在哪里体会到痛苦。"美国心理学家托马斯·戈登博士在《父母效能训练手册》一书中也说："当你放弃使用权力去控制年轻一代时，你对他们将获得更大的影响力！反之亦然：当你尝试更多地去控制他们时，你对他们的影响力也将减弱。"生活中我们没必要给孩子定太多的规则、做太多的管控，我特别相信尹建莉老师的理念：不管是最好的管。

对于孩子的成长来说，自由远比管控有营养，希望你能像印度诗人泰戈尔在《流萤集》中说的：让我的爱/像阳光一样包围着你/却又给你/光辉灿烂的自由。

二、包办

上面讨论的是家长越界的第一个表现——管控，接下来我们讨论家长越界的第二个表现——包办。

包办，就是本应该孩子自己来处理的事、来做的决定，我们家长主动替孩子做了，这一方面剥夺了孩子体验、锻炼的机会，使孩子在这方面的能力得不到锻炼和发展，从而显得无能；另一方面还会因为家长的越界造成亲子冲突，破坏亲子关系。

一个自己会吃饭的人，谁愿意总让别人喂着吃？一个会自己走路的人，谁愿意整天让别人抱着走？关于孩子的事，如果他没有主动提出让我们帮助，我们尽量不插手；孩子要做的选择，我们也不要替孩子做。

很多家长觉得为了孩子好，我们总要替孩子做些什么。其实并不是，智慧的家长懂得"做减法"，而不是总"做加法"。做加法，就是家长给孩子做的事越来越多，自己越来越累，孩子则可能越来越无能；做减法，就是家长替孩子做的事越来越少，家长自己越来越轻松，孩子则越来越能干。

我们来看两个学员给我反馈的关于包办的案例：

一、孩子上了初中，我觉着学习重要了，就想着参与孩子的学习。就在去年暑假，孩子假期里的学习计划还是我做的，当然孩子也不好好执行。平常，孩子吃什么、吃多少、穿什么……我都管，孩子逐渐长大，有自己的思想，但我已经习惯了啥都管，孩子提出不同意见时，我多半都会坚持我自己的意见。孩子就不开心，严重时，我们就吵架，我心里还会哀叹：孩子真是不领情呀，枉费我这么多年的照顾。就在刚刚任老师上课前，我还在网上给孩子选书包、文具盒、水杯。孩子说不买，原来的还能用，我认为原来的已经用了好多年，都用旧了，怎么说也得换了，而且担心被别的同学和老师觉着我这个妈太不管孩子了。但孩子怎么都不想换新的，最后我只买了水杯，算是做了让步。

二、之前一直觉得自己是个好妈妈、好妻子，把家里打理得清清爽爽，只要我在就大小事统统包揽，每天也把两个孩子的事安排得自认为合理和满当。结果自从女儿上了一年级开始我真的好累，白天有做不完的家务，孩子一放学各种打卡锻炼课内课外作业搞得我分身乏术，好像哪个环节我不参与就不行似的，也导致小儿子没人陪，一扔就是好几个小时自己玩，而女儿则完全没了主见，总是问："妈妈，我下一步做什么？"有段时间我真的快崩溃了。

还有一些家长包办孩子的事，是因为担心孩子自己做不好，比如帮孩子收拾整理书包，是因为担心孩子遗漏东西；暑假给孩子做计划，因为觉得孩子不会自己计划，或者孩子做的计划不合理；替孩子做主报什么兴趣班，因为觉得孩子不懂什么有用什么没用。

孩子自己的事情，即便他还做不好，我们家长也不能越俎代庖喧宾夺主替他们干。把事情还给孩子，我们耐心等待让孩子去做、去体验，一次做不好，可以两次；两次做不好，可以三次，在这个过程中我们欣赏孩子努力的过程，接纳他们做得不好的时候，相信他们，总有一天能做好。

所以，无论是为了孩子能力的锻炼、人格的独立，还是我们自己的轻松，我们都不要包办孩子的事。

当然，如果孩子累了、想让我们帮忙替他们做点什么，这个时候我们应该愉快地答应，别用"自己的事情自己干"来一口回绝孩子。因为这时是孩子向我们求助，这时他是需要我们的，比如孩子让我们帮他递杯水，或者让我们帮他照顾一下宠物狗，如果我们一口回绝，那么我们就太不近人情了，孩子感受到的是我们的冷漠，这样是会影响亲子关系的。

三、没有被邀请时对孩子的教育和引导

家长越界的第三个表现，则是我们太急于给孩子教导。有时候我们

过于主动，孩子给我们讲一件事，并没有向我们征求意见的时候我们就想要教育人家要怎样不能怎样，这也是对孩子的越界。比如一位学员给我说的这个案例：

儿子的同桌跟别的孩子打赌输了一套马克笔，后来后悔了，就叫我儿子帮忙要回来，要回来的话就给我儿子十元钱作为报酬。结果我儿子真要回来了，同桌爽快地给了他十元钱。孩子放学回来后告诉了我们这件事，从他讲话的神情语气中我可以感觉到他想要在我们这儿得到表扬，我们不但没有表扬，爸爸还要求他把钱还回去，说别人的钱不能拿。孩子不高兴地答应了，还说"×××说得对，我们孩子在学校的事情不能告诉家长"。

然而，这是同学之间的契约，并没有违反某条法律或者校规，孩子又没有征求我们的看法，我们家长倾听就好，最好不要主动干涉。如果我们有所担心，可以和孩子说一说我们对这件事的看法和建议，比如：爸爸觉得你们同学之间有了经济来往，可能会玷污了你们纯洁的友谊，如果我是你的话，我可能就不要这十元钱了，这是爸爸的看法。我们向孩子表达我们的观点即可，孩子自然会参考。

但就像上面这位爸爸一样，很多家长听完孩子讲的什么事之后，不仅仅只是表达自己的看法，而是直接强硬地要教育孩子、引导孩子，而且要求孩子按自己说的来。在孩子没有向我们请教、求助的时候，我们最好不要有想要教育孩子的念头，如果有，我们就克制一下自己的这种冲动，这对孩子、对你们的关系都有好处。

为什么孩子越来越不愿意给我们讲他在学校发生的事呢？就是因为

我们太想教育孩子了，是我们把孩子的嘴堵上了。所以我们一定要学会倾听，在孩子没有向我们求助时我们就竖着耳朵听，不越界去教育、引导孩子，这一点非常重要。

当孩子遇到困难自己确实无法处理时，他们会明确地向我们请教的，这时候我们的帮助、引导才有意义。比如一位学员给我说的这种情况：

> 孩子在学校有个闺蜜，她说自己就只有这个好朋友，但这个朋友总挖苦她，让她难堪，她已经跟她绝交好几次了。后来，这朋友要和她和好，但她现在交到了另一个好朋友，她觉得现在的朋友比较风趣，很喜欢跟她玩。她的这两个朋友可能互相有点不对头，玩不到一起去。她让我给意见，究竟她要跟谁玩好呢？我的意见是，交朋友的事情，你随心便行，得你自己决定。但她就一直很纠结，非要我给建议。

这是孩子在明确地向我们求助，我们就不能敷衍地说"交朋友的事情，你随心便行，得你自己决定"，这是对孩子的不负责。这时我们一定要给出明确的建议，比如可以说：我建议你不必立马答应和原来的朋友和好，有两个原因：第一，根据以往的经验，即便这次你们和好了，以后很可能还会绝交；第二，如果你和她和好了，很可能失去现在这位朋友，而你和这位朋友在一起更开心，这就得不偿失了。

然而一般情况下，孩子和我们聊天，更多的是向我们倾诉，我们倾听就好，不必"指手画脚"，在孩子没有向我们求助的情况下，我们教育、引导就是对孩子的越界。

+ 总 结 +

在和孩子相处、生活的过程中，我们一定要清楚自己和孩子的边界，分清哪些是孩子自己的事、需要他们自己做决定、自己体验，从而不过多管控、包办孩子的事，即便有时候孩子遇到一些挫折、遭遇一些问题，在他们向我们倾诉但并没有征求我们的建议时，我们也不主动引导、教育，倾听就是对他们最大的帮助。当然，如果孩子明确地想要请我们帮助、征求我们的建议，我们这时一定要给出明确的建议。

回顾与思考

你以前做过哪些对孩子越界的事？

第 2 节　不着急

三分教，七分等，孩子有自己的成长节奏，我们要静待花开。

面对孩子，很多家长耐心不足，会因为着急而干涉孩子的事，这是不可取的，养育孩子最考验的就是家长的耐心，我们要做好让孩子慢一些、再慢一些的准备，静待花开。

家长的着急主要体现在两个方面：对孩子的事情着急，对孩子的成长着急。

一、对孩子的事情着急

回想一下，你每天会对孩子说多少个"快"，从早上的快点起床洗脸刷牙吃饭出门上学，到晚上的快点写作业快点洗漱上床睡觉，这些无不表现着你的着急。

你着急，就会用"快点"来催孩子，你越催，孩子就越磨蹭、越不动。你催他快起床，孩子就是不穿衣服；你催他快写作业，孩子就是不动笔，为什么呀？因为我们干扰了孩子的节奏。如果我们沉住气不去催，孩子是不可能一直拖下去的，因为他知道上学不能迟到，他知道要完成自己的作业。

很多家长说我不催不行啊，孩子不早点出门我都会迟到。有这种想法的家长可以想一下，你的催促是让孩子更快了还是更磨蹭了？如果更磨蹭了，说明这个方式是没有效果的，随着孩子的长大你会越来越累，总有一天你会催不动他、推不动他。

有没有办法呢？有，改变思维，再也不去催孩子，提醒都不提醒。你可以和领导请一周的迟到假，可以和老师提前打个招呼，这一周，每天早上你一点儿都不催孩子，也不提醒，而且比孩子的动作还要慢，他都准备好了你还没有准备好，让他催你，你这样做一周，立马就会有效果，孩子就会自己为自己的事上心。

当我们愿意等待、不再因为着急催促孩子快点的时候，他们自己才能快起来。我们可以看下面这个案例，这是一位学员给我的真实反馈，类似这样的案例比比皆是。

我之前会为孩子的作业感到焦虑，因为他不做作业而生气。学习了之后，我放开了对孩子的管控，对待孩子不着急，让他找到自己的节奏。

差不多两三个月之后，我的孩子真的有很大的改变，他现在自己的事情从来不用我催都能完成得很好。刚开始实施的时候，我还担心我的孩子会放纵，在催与不催的边缘纠结，但是想到最坏也就是不做作业，索性就放任他。

刚开始他的作业会一直要等到最后才做，慢慢地我发现，有时候他的作业在学校就已经完成了，回来就只剩下一点点了。以前，应该在学校完成的作业都不能完成，还要回家做，现在都是在家的作业已经在学校完成了一大半。

我有很深的感触，大人的着急会让孩子无所适从，遵循孩子的成长规律，让孩子自己做主，孩子真的就能做到自己的事情自己做好，而且比父母催促他做得更好。

再比如下面这个案例：

对于"着急"这个词，早上起床和傍晚写作业最有体会。有很长一段时间爸爸早上送姐姐上学，因为担心上班迟到，每天早上起床、刷牙洗脸、吃早饭、换鞋出门都有爸爸无数遍"快点"和姐姐的哭声，最后哭着出门。有时姐姐会被爸爸直接从被窝里拎出来，饭吃个几口就出门了，孩子从起床到出门一直在哭，但一直没快起来。

后来我让爸爸不要送了，随她自己几点起床，随她自己吃不吃早饭，随她自己几点出门，让奶奶只在后面跟着，也不催她。这样一来反而从没迟到过，早饭也吃得很快了，还经常催奶奶"快点快点"。

但是在完成作业这件事情上，一家人还是太着急，每个人都在不停地催她"快点写作业""作业写快一点"，结果就是一直快不起来。今天已经和全家人达成一致，像早上起床一样对待写作业，坚决相信孩子自己能管理好自己的事情。

所以面对孩子的事情，我们一定要有耐心，给孩子时间，不必着急，不催促，不插手，孩子自然会处理好，因为每一个孩子天然地有责任心。最简单的，我们和孩子说话的时候把"快点"去掉，比如以前你说"快点起床"，以后改成"起床了"；比如以前说"快点吃饭"，以后改成"吃饭了"，而且只说一次，马上就会好很多。

二、对孩子的成长着急

每个中国人都学过"揠苗助长"这个成语，可有多少人在笑话农夫拔苗的同时，也在"拔"自己的孩子。

比如你明明知道国家规定上小学之前的孩子不必学书本上的文化知识，但仍然逼着孩子把幼儿园老师留的作业全部做完，或者升小学、初中、高中时给孩子报个衔接班让孩子去学。

有一些幼儿园为了自己当时的利益着想，非常超前地给孩子讲授太多一二年级才学的知识，给孩子留不少作业，根本不管这样会大大破坏孩子的学习兴趣。在当时看来，孩子是会写一些字、会算一些简单的加减法了，但这是以牺牲孩子长久的学习兴趣为代价的，等到孩子上了高年级、开始有能力反抗、厌学了，没有人会怪罪这是因为孩子在低年级甚至幼儿园的时候，学习任务太重导致的，人们只会把原因归罪于孩子不懂事、不懂得体谅家长和老师的良苦用心上。

我想起了我们村子里发生的事，我们村特别小，没有学校，也没有幼儿园。孩子到了四五岁，也应该上幼儿园、不能成天玩呀，于是，有一个我们村的小女孩开了一个学前班，教孩子们一些学习的事。

这小女孩初中都没有读完，也不懂教育，就这么直接教了，村里人也挺高兴，毕竟自己的孩子有地方去了，不必整天无事在村里乱跑，挺好。

但你知道这小女孩教孩子们什么吗？100以内的连加连减。当然她并不是一开始就教这么难，但是最后确实教100以内的连加连减，还布置很多作业让孩子们回家做。

当时我在读大学，不懂教育，只是觉得难度有些大了，后来我学习了家庭教育才明白，这哪是难度有些大呀，这简直就是摧残人性啊！

每天让五六岁的孩子搞100以内的连加连减，我现在想想都害怕。但当时，那些孩子的家长们没有一个觉得有问题，还认为这位小老师负责任、教的知识多。

这些孩子长大后，厌学的厌学、辍学的辍学，没有人把原因归到那个小女孩身上，但是你想，能和她没有关系吗？当然我这里不是谴责她，毕竟她也不懂，在她的认知范围内她做了最大的努力，也是为孩子们好，但这就是不懂的代价呀，太着急、太超前了。

我们村这个女孩的做法和很多家长的想法一样：让孩子早点学，这样就会先人一步，起码不会被落下。这就是对孩子的成长太着急，不懂得孩子有自己的成长规律，孩子六岁可以干的事，五岁就是干不了，也不应该让他干。

当然并不是一点都不能提前学，如果我们想要让孩子提前学一些，可以通过游戏的方式，比如你买两个骰子和孩子玩，你和孩子轮流扔，然后比一下谁扔出来的两个骰子的点数加在一起更大，谁就赢，赢方可以摸一下输方的鼻子。

这种游戏的方式，比直接给孩子讲"几加几等于几"效果要好得多，孩子也不会抵触。但是很多家长不花心思想这样的游戏，而是直接给孩子买一本练习册让孩子做。

还有，我国每年有很多产妇选择8月底做剖宫产，为的是要让孩子赶在9月1日前出生，这样就能比顺产早一年上学。为什么呀，对孩子的成长太着急，不想让孩子被落下。

很多家长给孩子报名上早教班，早教训练的目标是使孩子提前具备各种能力，我个人觉得并没有必要，澳大利亚最著名的儿童发展问题专家迈克·内格尔也指出：二十世纪九十年代以来的众多人体试验结果显示，除非是生活在极度与外界隔绝、极度贫困家庭中的孩子，日常与家人的互动和对周围环境的感知已经足以促成儿童健康、全面的身心发展。

所以根本没有必要让孩子早早地通过早教中心来发展各种能力，还有一个这方面的心理实验可以说明问题。

美国心理学家格塞尔曾经做过一个著名的双生子爬楼梯实验：被试者是一对出生四十六周的同卵双生子 A 和 B。格塞尔先让 A 每天进行爬楼梯（象征性的楼梯）训练，六周后，也就是第五十二周，A 爬 5 级梯需 26 秒。而在第五十三周时，没有经过任何训练的 B，爬梯还需要 45 秒，格塞尔再对 B 连续进行两周爬梯训练，到第五十五周，结果 B 爬上 5 级梯只需要 10 秒。尽管 A 比 B 早训练了七周，训练时间也是 B 的三倍，但是在五十六周和三岁时，格塞尔发现，A 和 B 的爬梯成绩惊人地相似。

为了验证实验结果的准确性，格塞尔又找了很多对双胞胎，反复地做相同的对比实验，结果他发现，无论双胞胎的人种、性格、基因是怎样的，都不会影响实验结果。

之后格塞尔又找了其他年龄段的双胞胎做不同领域的实验，他发现，无论是做算术、吃饭，还是识字，都存在黄金教育时期，过早地开展对孩子的训练，并不能让孩子提前学会某一技能。

所以，我们真的没有必要对孩子的成长太着急，早早让孩子学这学那，成长本来就是一个缓慢的过程，我们一旦求快，很可能就会出问题的，下面是一位学员给我反馈的他的反思。

"着急"在我身上体现得淋漓尽致，也是破坏我们亲子关系致命的撒手锏。我好高骛远，急于求成，总怕孩子输在起跑线上，所以就过早地开发孩子，认为童子功很关键，早教班以及关于学习方面的各种兴趣班我们都参加过。

在此过程中，我从没考虑过孩子的成长是一个缓慢的过程，而是认为如果孩子的能力不行，就是因为他没用功。若达不到我想要的结果，就肆无忌惮地指责、批评，用各种负面情绪来打压孩子，摧残孩子。

"揠苗助长"的故事我给孩子读过 N 遍，可却没有体悟其真正的内涵，这种过激的错误的教育思维埋下了可怕的种子，随着孩子逐渐长大，相应地出现了叛逆消极的端倪，作为家长的我也几近焦虑，真的有种"叫天天不应，叫地地不灵"的感受。

还有一位学员和我说：放暑假了如果不管着点孩子，他可能会一直玩手机打游戏，一点儿都不学习。那就让他玩呗，并不是只有学习对孩子的成长有益，打游戏、玩手机也是孩子成长的必需，就像孙瑞雪老师在《爱和自由》一书中说的：有时候，我们应该任由孩子的时间白白地浪费掉。

我们不能总是用成年人功利的心态去看待孩子做的事情，认为学习才是有意义的、玩手机玩游戏就是没有意义的，不是的，对于孩子来说，可能玩游戏比学习有意义得多。

孩子是按照自己的节奏成长的，他们知道自己什么时候该玩、什么时候该学，我们的着急会打乱孩子的节奏。无论面对孩子的事情，还是面对孩子的成长，我们都要允许孩子慢一点，再慢一点，不必着急。成长本就是一个缓慢的过程，一旦我们着急，就很可能出现问题。

最后，我们来看一位家长从以前的"特别着急"到现在"耐心等待"的变化过程，这里也有她对自己成长节奏的思考，我相信你读了她的故事后，会更愿意让孩子慢下来，甚至暂时停下来。

我以前是一个特别着急的家长，因为我追求完美，也比较自律，时间计划得很严谨，几点到几点干吗下一个时间段干吗都安排得非常明确，如果没有完成计划就觉得是浪费时间浪费生命。

现在想来，我小学时由于搬家换城市后不适应新城市的生活导致整个人是蒙蒙的状态，每天就知道瞎玩，不知道学习写作业，小学一年级做过学渣，三年级才开始能听懂老师说的话，也许是大人说的那种"开窍晚"，父母也没有过高地要求我考大学，我就随着邻居小伙伴考了中专职业学校，十七岁提前进入工厂。

一眼望到头的生活不是我想要的，好像那个时候才想起来我要考大学、我想画画，家人反对，我坚持、辞职复读，所以我比同龄的同学晚了两年才考大学，到了美院我才开始开挂、开启学霸模式，年年第一，年年被评为优秀学生和优秀班干部。

之后我就后悔自己之前浪费了时间，于是严格要求自己和他人，觉得孩子不好好学习就是在浪费时间。

现在我梳理自己的过往经历突然明白了，我晚两年考大学不是浪费了时间，是我那个时候就是没有醒过来，即便父母死摁着我学，我也学不会。我有我的成长节奏，我终于明白了，我在按我自己的节奏醒觉，时间早晚没关系，都会醒。

我孩子也一样，她现在累了，可能也是脑子蒙蒙的，逼她自律，逼她按学校的进度，她就是会很逆反，再逼可能就真的抑郁了。

我放松放手，尊重孩子，我相信她总有一天会醒来，我能做的就是不着急，真正无条件地接纳、爱、信任她，让她勇敢地去尝试、犯错、经历她的黑暗时刻，耐心地等待她醒来。孩子也需要按她自己的节奏长大，相信孩子本自具足，她终将会长成她原本自然的样子。

✦ 总 结 ✦

　　一棵树的成长时间越长，它的木质结构就越好，越会被重用；如果长得太快，木质往往不会太好，也难得到重用。人也一样，所以我们要给孩子足够的时间让他去玩耍、探索、出错、栽跟头，甚至发呆、无所事事、暂时地落后于人。我们要学会把目光放长远，看到二十年、三十年后真正帮孩子在社会上站稳脚跟的是什么，而不是紧盯着他今天的作业有没有写、这次考试能考多少分、又玩了多长时间手机。即便你无法做到静待花开，起码也别揠苗助长。

回顾与思考

　　你以前是一个着急的家长吗？你会在孩子的哪些事上着急呢？你会着急于让他学习知识长能力吗？你觉得你的着急对孩子是有帮助的，还是有干扰的？

第 3 节　不期待

大多期待都是高期待，大多要求都是高要求。

我曾经看过一则新闻，三十九岁的秦女士是杭州一所重点小学的老师，本来工作稳定、丈夫宠爱，在别人眼中日子过得非常幸福，却得了严重的抑郁症。原因是自从儿子六岁上学以后，每次考试秦女士都要求孩子考 100 分。有时候孩子考了 98 分，秦女士就会训斥：我班上的孩子一半都考 100 分，为什么你考不到？而孩子不可能每次都考 100 分，秦女士接受不了这个现实，慢慢地就患上了抑郁症，而且越来越严重。

这位秦女士就是典型的对孩子高期待高要求，孩子怎么可能达成这样的要求？类似的例子非常多。

多米有一个伙伴，那天我陪多米去伙伴家玩，正好赶上读四年级的姐姐放学回来，手里拿着两张卡片，姐姐顺手把这两张卡片交到了妈妈手里。虽然这个过程姐姐什么话都没说，但我还是能看得出姐姐脸上有些得意的神情。

我往卡片上瞟了一眼，应该是两张表扬卡。妈妈接过卡片，看了看，随手放在了桌子上，什么话都没说，姐姐也就进了自己屋。

过了一会儿，姐姐把房间门打开，探出头来对妈妈说：妈妈，我这次数学考了 97 分。妈妈很淡定地、没有任何表情地回应：可是这次考试题简单，你应该考 100 分。

姐姐什么话都没说，把头收进了自己房间，然后关上了门。

为什么很多孩子慢慢地对学习没有了热情？就是因为我们不但不懂得、舍不得欣赏、肯定孩子，反而给孩子泼冷水、提要求。如果妈妈看了表扬卡的内容后，由衷地对姐姐说一句"祝贺你，妈妈很开心你的付出有了回报"；孩子说数学考了 97 分，如果妈妈开心地告诉孩子"这都是你平时努力的成果"，我想孩子对学习的热情会更高涨。

前面我们在讲"接纳"这个关键词的时候，就讲过要接纳孩子的平凡，我特别喜欢一句话：我们的孩子首先要学会做一个平凡的普通人，如果幸运，他将来可能会成为一个精英；而不是一开始我们就要把孩子培养成一个精英，最后很不幸沦落成一个普通人。

如果我们一开始对孩子的期待要求就很高，不接纳孩子的平凡，很可能孩子的表现会越来越差，我们的期待一降再降，这种现象在很多家长身上都上演过，比如我的一位学员给我说：

幼儿园的时候，我对孩子的期待是上北大清华；一年级，觉得他的能力完全可以跳级；现在三年级，我期待他保持班级前二十名就非常幸福了；估计等他升到六年级，我的期待要降到有学校肯收就完全满足了！

以前总觉得孩子可塑性强，什么都想让他学，随着年龄的增大、碰撞和失望的叠加，现在我越来越回归平常心态，这几天看到视频上很多有残疾的孩子乐观向上地活着，我就觉得该知足该庆幸。今后我会接纳孩子的平凡，欣赏属于他的平庸，陪伴他体验成长的快乐，相信他会按照自己的节奏成长！

其实，当我们不给孩子传递太高期待太大压力的时候，孩子自己就会努力，就像是个体心理学创始人阿德勒所说：每个孩子都是想要追求卓越的，这是人的天性。

一位学员给我反馈说：

孩子真的也希望自己能好。有一次女儿考试得了80多分，我还没有要求她以后要怎样，她自己就说下次一定要考90多分。上学期末，跟她关系比较好的几个小朋友都拿了"三好学生"奖状，她心里不舒服，不开心，回来就对我说："妈妈，我这次没有拿到'三好学生'奖状，我下学期一定要拿到。"

追求卓越是孩子的天性，没有哪个孩子愿意比别人差，我们根本用不着对孩子提出要求、抱有过高的期待。

日本著名音乐教育家铃木镇一，读小学时一次考试只得了60多分，老师狠狠地批评了他，铃木镇一自己也很羞愧，放学后很沮丧地回了家。

"傻孩子，老师对你的批评是不对的。"父亲平静而和蔼地安慰道，"你每科考到60分就可以了。"

儿子非常惊讶："60分怎么行呢？"

父亲回答："60分怎么就不行呢？能考100分当然很好，但考够60分就说明你及格了，及格就是合格。既然合格了，还有必要为第一第二那些虚名浪费时间和精力吗？求知是人世间最大的欢乐，绝不是为了争第一，如果你想到的只是分数，那求知不就成了一种苦难吗？"

爸爸的一番话卸掉了铃木镇一的困扰，从此，铃木镇一花时间完成学校的课业后，将很多时间都用来阅读自己喜欢的各类书籍，或者去野外观察、游玩。虽然他的学习成绩不是同学中最好的，但他读过的书却是别人的很多倍，他观察大自然的时间也是别人的很多倍。这些激发了他强烈的求知欲和想象力，他找到了自己真正热爱的事情并为之付出努力，成为誉满全球的小提琴演奏家和音乐教育家。

铃木镇一并非个例，孩子对自己都是有要求、有追求的，根本不需要咱们家长对他们提出来，这一点我们一定要坚信，每个学生都希望成绩好、不迟到，不信你想一想，虽然孩子可能起床磨蹭，但他还是不想迟到，对不对？

没有一个孩子天生就不求上进、就要当最差的那个，你的孩子也一样，所以我们根本就不用说那些对孩子要求、期望的话。而且家长的高期待如果孩子总是达不到的话，他们就会形成"习得性无助"的心理，也就是完全放弃，一点都不上进了、一点都不学了，就是所谓的"破罐子破摔"。下面是一位学员给我反馈的她家的情况：

关于高期待高要求，以前我还挺期待孩子能学习好，习惯好。但现在，说实话，我只期望他能够平均水平就行，因为这孩子简直就是一种"破罐子破摔"的状态，他从来不会跟那些学习好、纪律好的孩子比，都是跟那些"学渣"比。如果我埋怨他学习成绩下降了，他就会说班上还有不及格的呢。

我也不期待他长大了有什么大作为，至少不要懒惰，对生活要有信心。但他的愿望是长大了去搬砖，最好是现在就不上学了，现在就去搬砖。这就让我很无语啊！难不成是我的要求太高了吗？我感觉也不高呀。

他也不是没有表现好的时候，在一年级的时候，学习成绩一直名列前茅，二年级也还可以，但现在，越是长大，成绩越低，而且一点也不思进取，成天活得稀里糊涂的，连老师布置的当天的作业回家后都能忘了。

过高的期待和要求就会导致孩子习得性无助，完全放弃，孩子心里会想：妈妈的要求这么高，反正我也达不到，反正都是被骂，那我干脆就这样了。这就是习得性无助，其实孩子本意并非如此，而是被家长折腾的。

精神分析心理学有一个词叫"反向形成"，用在这里特别恰当：我们家长越是希望什么、天天强调什么，往往孩子越会向着相反的方向发展。比如你越是要求孩子养成检查作业的习惯，孩子越是写完不检查。你可以想一下，比如学习、比如阅读、比如玩手机，是不是总会有反向形成的现象发生？

所以，我们以平常心面对孩子就可以了，没有必要望子成龙、望女成凤，接纳孩子的平凡。而当我们放下心中对孩子的高期待，也就放下了自己的执念，没有了家长的干涉与介入，孩子自然会按自己的节奏成长，一定会发挥自己最大的潜能。

什么是高期待，什么不是高期待

也有很多家长不认为自己对孩子有高期待高要求，认为自己的期待和要求很合理，一点都不高。

一位学员说：在高要求方面我自认为做得还好，从来没有要求过他一定要考多少分，但是考好会有奖励，也不许他不及格，这点要求对小学生应该没难度。

还有一位学员说：我对他们的要求也不高，每天进步一点点就可以。

还有一位学员问：对老二好像没啥要求，就期待什么时候他能不要老生气，不要脾气那么暴躁，任老师，这些算不算高期待高要求？

高要求高期待有没有衡量标准呢？到底什么样的要求是高要求、什么样的要求不是高要求？要求孩子考试及格、要求孩子每天只进步一点点、要求孩子不要脾气那么暴躁，这些算不算高要求呢？

这个问题曾经困扰我很久，后来想明白了：家长有时的要求是高要求，不管这个要求、期待有多么小；大多数对孩子的要求、期待，都是高要求、高期待，都不应该提倡。

孩子不是在我们的要求下顺利成长的，而是在我们的接纳、欣赏、陪伴、相信下顺利成长的，我们对孩子有过分的要求、过分的期待，都是对孩子不够接纳、不够信任。

比如说，要求孩子及格就行，难道不及格我们就可以不接纳孩子了吗？就要对他动粗吗？

要求孩子每天进步一点点，难道今天没有进步、一个星期没有进步就不可以吗？或者说今天不但没有进步、反而还退步了，这样就不可以吗？

什么是高要求？任何要求都是高要求。什么是高期待？大多期待都是高期待。我们不应该对孩子有过分要求，而是要完全相信他，当他做得不好时接纳他，在他做的过程中欣赏他，花很多时间陪着他，通过这些把亲子关系建设好，孩子一定会像花朵般绽放开来。

要坚信，孩子自己本身就是追求卓越的，他也想出人头地，他也想表现好、让父母为他骄傲，而家长的要求与期待反而会破坏孩子的这种内在的生命力。

我们要接纳孩子的平凡，允许他就是一个普通的孩子，这样孩子没有了包袱与压力，轻装上阵，将来一定会成就非凡的人生。

就是这么神奇：有心栽花花不开，无心插柳柳成荫。就如下面这个案例：

孩子刚出生的时候，我的初心就是希望她幸福快乐健康平安地生活就好，可是随着女儿慢慢长大，我对她的期待和要求也越来越高，因为我的虚荣心和攀比心作祟，把女儿当成了给自己争面子的工具，别人家的孩子能做到的，不考虑女儿的实际，我也要求她做到：各种课外班，别人学我们也学；别人家的孩子能考100分，她也要努力做到。

在女儿上高中以前，虽然我努力地管她学习，上各种课外班，但是她的成绩就是班级里的一般水平，远远没有达到我期待的结果。为此我非常失望，觉得付出和收获不成正比，加上那段时间工作的压力，我患上了焦虑症抑郁症，连自己正常的工作生活都很难应付了，对女儿就只能无奈放手。

女儿读高中时，我只负责后勤保障，学习几乎不再插手，女儿反倒很自觉，学习时间安排得都很好。真的像老师说的，每个孩子内心都是追求卓越的，谁不想好呢？通过这几天的系统学习，我更加明白了，我要无条件地接纳孩子的一切，尊重她，放手给她完全的自由，她不是我的附属品，她有权利选择自己怎样生活，即使是父母也无权干涉，这样孩子的生命之花才能自然绽放。

+ 总 结 +

我们对孩子大多的期待都是高期待，对孩子大多的要求都是高要求，我们不应该把这些期待和要求传递给孩子，这些都会给孩子的成长造成压力，是对孩子自然成长的干扰和破坏。我们应该接纳孩子暂时在某些事情上做得并不好，给孩子时间，相信孩子通过自己的练习和年龄的增加，那些暂时没有做好的事以后一定会做好。

回顾与思考

你以前对孩子都有哪些期待？根据以往孩子的表现，你觉得这些期待对孩子的成长是助力还是阻力？

_____

_____

_____

_____

_____

第 4 节　不对比

每个孩子都是独一无二的，孩子和孩子之间完全没有可比性。

我们的孩子总有一个宿敌，谁呢？别人家的孩子。父母都难免拿自己的孩子和别人家的孩子比：你看人家一回家就写作业，你看人家每次见了我都问好，你看人家从来不乱花钱……而且我们总喜欢用自家孩子的缺点和别人家孩子的优点比。

当然父母也是一片好心，希望激发孩子的上进心，向别人的优点学习，殊不知这种对比带给孩子的只有伤害，消耗孩子的内驱力，打击孩子的自信心，造成亲子隔阂，影响亲子关系。正如下面这个家长给我反馈的案例：

之前会拿孩子和别人的孩子比，你看看谁谁考试比你高那么多，谁谁又拿到奖状了，你不要和我吵，有本事你能和谁谁一样，等等。这样的比较在我儿子这里比比皆是，比成绩，比习惯，各种比，原来以为可以激发他的上进心，现在想来给他带来了太多伤害，比着比着就把孩子比到了悬崖绝壁上，没有前进的动力，只有后退的理由，懒散，懒惰，宁愿在小视频、游戏中寻找快乐，也不愿意去学习中找到成就感。前天他和我说：妈妈，你录音保证下，以后不要再拿我和别人比，我就是我，我不需要和别人比。

还有一位学员给我说：记得有一次楼下的妈妈把自己女儿学习 Kiss ABC 的视频发到朋友圈，我点开视频看，小女孩比我们家女儿小一岁，英语非常流利，脱口而出就能说一大段流利的英文。于是我就叫女儿过来看一下，对她说："这个小妹妹比你小一岁，英文说得非常流利。"女儿看了一眼说："对，人家的女儿好优秀，你家的女儿做不到。"本来是希望能激发孩子的上进心，学习别人的优点，没想到却打击了孩子的自信心。

另一位学员说：学习了这节课，我知道自己为什么会自卑了，原来是妈妈以前爱拿我跟别人家的孩子比较。印象中，小时候父母很少对我肯定、欣赏、鼓励。像平时考试，也只会说"谁谁考了多少分，你才考多少分"这样的话。

我们知道很多人自卑、不自信，人为什么会自卑？其中有一个重要原因就是家长把他与别的孩子比较。孩子的自我评价，主要来自家长对他的评价，家长怎么看待孩子，孩子就怎么看待自己。如果我们经常欣赏肯定孩子，孩子就会自信；如果我们总打击否定孩子，孩子就会自卑。而家长把孩子与别的孩子比较，就是在直接打击否定孩子，会摧毁孩子的自信心。

除了不把自己的孩子和别的孩子进行比较外，我们更不应该在自己的几个孩子之间进行比较，以及把孩子和他的堂哥、表姐进行比较，比如对老二说：你哥像你这么大的时候，早就不尿床了。或者批评老大说：弟弟比你小三岁，人家的字写得都比你好，你不嫌丢人呀。

这种把孩子在兄弟姐妹之间进行比较、让其向对方学习的做法，不仅让孩子对家长不满，还极有可能让兄弟姐妹、表兄弟姐妹之间形成厌恶、嫉妒甚至仇恨心理，会挑起兄弟姐妹之间的矛盾，破坏手足之情。

成长的路上不需要对比，而是需要我们的欣赏和肯定，欣赏肯定才是孩子克服困难、直面挑战的力量来源。而且人各有所长，也各有所短，我们没必要比较。

一、每个人天生优劣不同、发展时机不同

美国哈佛大学教授、著名心理学家霍华德·加德纳博士提出了著名的"多元智能理论"，他的研究发现，人的智能可以分为八类：语言智能、音乐智能、数学逻辑智能、视觉空间智能、身体运动智能、人际交往智能、自省智能和自然观察智能，每个人的智能结构不同，优点和不足也不相同。

有些孩子数学逻辑智能比较突出，所以表现在数学、理科上比较有天赋；有些孩子数学逻辑智能不突出，反而语言智能突出，所以表现在数学上吃力一些，语言的学习更轻松一些；有些孩子的天赋在音乐智能上，有些孩子的天赋在视觉空间智能上，所以各人的优劣表现不一样，这都很正常，不应该拿来比较。

所以我们就不要说：为什么人家能考100分，你就不能？同样的老师教钢琴，人家已经过了几级，你为什么就过不去？一定是你不努力。并不是孩子不努力不认真，而是两个孩子的特长天赋本就不一样，咱家孩子很可能就是不擅长这个。

三百六十行，行行出状元。韩寒读中学时有一次考试六门科目五门不及格，但是他文章写得很好，靠写作就在社会上站稳了脚跟。因一段采访而给大家留下深刻印象的北京大学数学老师韦东奕，在其他方面没有太多的兴趣特长，但是人家数学极有天赋，照样可以取得成就。马云英语说得好，但第一次高考数学只得了1分。很多人上学时学习不好，

但是特别会做生意，生活也照样过得有滋有味。

孩子和孩子之间不但天生的智能结构不同，而且每项能力的发展时机也不尽相同。

有的孩子三岁时数学敏感期就到来了，就喜欢琢磨几加几等于几，有的孩子五岁半才对数字感兴趣，这并不意味着三岁的孩子比五岁半的孩子聪明，也不代表五岁半的这个孩子落后了，因为这个五岁半的孩子在三岁的时候，他正在经历其他不同的敏感期。

网络上有一段话，写的就是各人有各人的发展时机，并无早晚好坏之分：

纽约时间比加州时间早三个小时，但加州时间并没有变慢。

有人二十二岁就毕业了，但等了五年才找到好的工作；有人二十五岁就当上CEO，却在五十岁去世；也有人五十岁才当上CEO，然后活到九十岁。

有人依然单身，同时也有人已婚。

世上每个人本来就有自己的发展时区，身边有些人看似走在你前面，也有人看似走在你后面，但其实每个人在自己的时区有自己的步程，不用嫉妒或嘲笑他们，他们都在自己的时区里，你也是！

生命就是等待正确的行动时机，所以，放轻松，你没有落后，你没有领先，在命运为你安排的属于自己的时区里，一切都准时。

让我们的孩子按自己的节奏在自己的时区里成长，不要因为他们看起来落后一点点就去催促、对比，就想要引导孩子、教育孩子，没有这个必要，而是给他们提供一个友爱的环境，这就足够了。

二、自己和自己比，也没有必要

有些家长早就明白不应该拿自己的孩子和别的孩子比，但是会让孩子自己和自己比，今天和昨天比，让孩子每天进步一点点。比如一位学员给我说：在儿子很小的时候我就对他说，不要和别人比较，和自己比，只要今天进步了一点点，就值得表扬了。

我刚开始接触家庭教育的时候，也学过类似的说法，我工作的那家公司总结出"正确三比"：自己和自己比，今天和昨天比，这次和上次比。一开始的时候，我觉得这种说法真好，觉得这才是正确的比较，后来随着我自己对家庭教育的学习和探索，我现在已经不愿意说这种"正确的三比"了。我认为只要有比较，就有不认可、不接纳、否定、批判、压力，即使自己和自己比都一样。

比如孩子上一次考试排名第三，这一次考试排名第五，这次比上次退了两名，如果我们让孩子这次和上次比的话，就有不接纳，就有否定，孩子就有失落，而这些东西，很可能会给孩子造成打击，消磨他的自信。

所以我们依然没有必要让孩子自己和自己比，孩子的成长本就是螺旋式上升的，有时候进步，有时候倒退，太正常了。当孩子表现不好的时候，我们接纳就可以了，告诉孩子这很正常，相信孩子自己会调整好的。

三、和别的家长比

2013 年的《少年儿童研究》杂志第 23 期，刊登了王新芳的一篇文章，题目叫《妈妈，你为什么不优秀？》，内容如下：

同事马姐的孩子涛涛今年高考，以高出一本线 50 分的好成绩被全国一所知名大学录取。马姐在博客上发表了一组那所大学的美丽风光照片，着实让人羡慕。涛涛比我儿子大两岁，他们俩是一起玩到大的伙伴。看着涛涛如此优秀，再看看儿子很一般的成绩，我想一定要让孩子以涛涛为榜样，为自己树立一个远大的目标，也力争考上一所知名大学。

于是，在一天晚上，我打开电脑，把儿子叫过来，要给他上一节"政治课"。

儿子坐在我身边，漠然地看着马姐拍摄的照片，那所大学上空有立体感的白云、巍峨的体育馆、幽静的树林、芦苇丛生的湖面，这些都没有让儿子有任何惊喜。我语重心长地启发他："你看涛涛考上的大学多好啊，你要是也能这样优秀就好了，一定要努力啊。"儿子应付性地"嗯"了一声，拿过鼠标在马姐的博客上随意地浏览着。

突然，儿子的眼睛亮了起来，他看到马姐的文章了。马姐是河北省作协会员，笔下功夫非常了得，目前已在全国各级报刊上发表了几十万字的作品，里面当然包括儿子最喜欢的刊物《意林》《特别关注》等。

儿子不相信地问我："这是转载还是原创？"

我肯定地说是马姐的原创，儿子崇拜地说："马姨好厉害啊！妈妈，你和马姨是同事，你为什么没有她优秀？"

面对儿子的诘问，我哑口无言，心中掠过一丝惭愧和惶惑。推己及人，当我把儿子和涛涛相比的时候，儿子的心情是不是和我现在的心情一样？

妈妈总是习惯拿儿子和别人比，比成绩，比这个，比那个，又何曾思考过自己的平庸和别人的优秀呢？

所以以后再也不要说那些"你看谁谁谁""你就不能和谁谁谁学学"之类的话了，如果真要比，作为家长的你可以和别的家长比一比，看看自己是不是一个更优秀的家长。

✦ 总 结 ✦

  不同的孩子天生的优势劣势、爱好特长并不一样,而且每一样能力发展的时机也不尽相同,所以孩子之间完全没有可比性,我们不应该拿自己的孩子和别的孩子比,也不必在自己的几个孩子之间进行比较,也不必让孩子自己和自己比。

  如果必须要比的话,我们作为家长,可以和别的家长比一比,看看我们是否比别的家长更优秀。

回顾与思考

  以前你拿自己的孩子和别的孩子比过哪些方面?这种比较起到了正面的效果还是负面的效果?

第 5 节　不指责

批评、指责、唠叨、暴力多了，都会严重伤害孩子。

人真奇妙，明明自己做错事时希望被原谅、包容，却又总是在别人把事情搞砸时批评指责。如果对方同样也是成年人，可能我们还会碍于面子少说几句；若面对自己的孩子，我们却很难嘴下留情，批评指责成了"家常便饭"。

一、不批评

很多家长认为，一旦孩子犯错，我们必须明确指出来，严肃批评几句，再让孩子认错、道歉、保证，只有经过这样的一番"教育"，孩子才可能改正、长记性。

其实并不是这么回事。当孩子的错误被指认出来，他顶多知道这样做是错的，但这并不代表下次他就会做对不出错。而且如果我们的批评过于严肃，还会伤害孩子的自尊心，造成孩子情绪上的对抗，下次故意搞破坏。

孩子嘛，总免不了出错，比如喝水的时候打碎了杯子，玩耍的时候不小心伤到了别的小朋友，我们最好的处理方式是接纳，而不是批评。出错在所难免，只要做事就会出错。那些被全然接纳的孩子，他们是不会故意捣乱干扰别人的，我们没有必要揪住孩子的过错不放。

批评指责只会削弱孩子的责任心和上进心，切断亲子关系，对孩子的成长与进步并没有太大的帮助。马歇尔·卢森堡博士在《非暴力沟通》一书中说："一个人在受到批评指责的时候，基本上都无法把注意力放在对方所表达的道理上，批评和指责会使人倾向于自我保护从而变得更有攻击性。"

既然批评指责没有用，那孩子出问题的时候我们应该怎么办呢？很简单，和他一起解决就可以了。有网友在"知乎"上说过这么一个事。

在台湾一个民宿里，早餐时间，一个六七岁的小男孩想把没有喝完的豆浆拿到楼上房间喝，但是在上楼梯的时候他没有拿稳，豆浆洒了一楼梯。

小男孩的爸爸并没有责骂孩子笨手笨脚，也没有表现出任何不满，而是平静地说了句"好可惜"后，带着小男孩来到前台，让小孩向工作人员说明了情况，并且鞠躬道歉，然后他们向工作人员要来抹布，回到弄洒豆浆的地方，两个人自己清理起来。

中间工作人员走过来告诉父子说不用管，她们来处理就好，可这个爸爸还是坚持他们自己清理。擦完后，爸爸带着小男孩还抹布，再次表示给服务员添麻烦了。

当时我就坐在旁边目睹了全过程，我以为这件事做得很圆满了，直到我看见这个爸爸问孩子："你觉得刚才为什么会打翻豆浆？"

然后他把另一杯豆浆递给孩子（估计是这个爸爸没喝完的），告诉他刚才打翻豆浆是因为拿的姿势不对：刚才你是一只手拿的，所以拿不稳，很容易洒，应该一只手托杯底一只手扶住杯子，这样才能拿得稳。

小男孩照着爸爸教给的方式，稳稳地端着那杯豆浆上了楼梯。

我们要向这位爸爸学习，当孩子出错时和孩子一起处理事情就好，批评的话一句都不必说。如此，孩子自然会从中有所收获，也不会因为担心出错而变得畏首畏尾、瞻前顾后。

有些家长想要培养孩子的责任心，其实孩子天生就有责任心，根本不用刻意培养，家长不过多地苛责、批评孩子，孩子的责任心就会自然呈现出来。一些小孩不愿意帮家长做家务、对自己的事也不用心负责，往往是因为家长过多的批评指责把孩子的责任心消磨没了。我们可以看一看这个案例：

有一个八岁的小女孩，晚饭后看到爸爸妈妈收拾餐桌，小女孩就特别高兴地提出说："我能帮着洗碗吗？"妈妈问："你会洗吗？别把碗给摔坏了。"小女孩说："我同学在家也洗，我想我应该也可以。"

妈妈说："行，那你就洗吧。"小女孩开开心心地抱着碗去厨房了。妈妈有些不放心，跟在小女孩身后。

从来没有洗过碗的小女孩动作很慢，而且看起来有些笨拙，妈妈几次都忍不住指出："不要这样，哎呀不对不对，你看你笨手笨脚，小心点，轻点……"

突然就听"啪"的一声，一个碗从小女孩的手里掉下来，摔碎了。

小女孩吓了一跳，妈妈立刻冲了上去，一把推开小女孩说："你快别洗了，笨手笨脚的，还不够我着急的，让你小心点你就是不听！我说你不行吧，你非要帮倒忙，快出去，别给我添乱了……"

孩子又委屈又生气，躲到自己的房间哭去了。

这件事过去了一段时间，过年了，一家人在一起吃饭，高高兴兴的，爷爷奶奶姑姑都在，吃完饭后大家都忙着收拾，只有这个小女孩坐着不动。

奶奶有点不高兴了，对她说："你看你爸爸妈妈这么辛苦，又做饭又洗锅的，你怎么都不帮着洗洗碗去呀？"

这时小女孩非常不屑地对奶奶说："我可不去，碗摔坏了算谁的？"说完转身就离开了。

因为家长的指责、不包容，让一个本来想要积极参与劳动的孩子变得对做家务活望而却步，她知道出错就要被批评，所以干脆选择了什么都不做。孩子不就是打碎了一个碗嘛，如果这时我们上前温柔地说"没事的，很正常，咱们来把碎片收拾一下就好了"，那么，孩子怎么会发展到袖手旁观呢？

二、少讲道理

有些家长不批评责骂孩子，却总是说教、讲道理。这其实也不应该，道理可以讲，但不宜总讲，孩子聪明得很，道理听一遍就能明白，我们讲得太多反而成了孩子的干扰，变成了唐僧念出来的紧箍咒。

一位妈妈和我沟通孩子的问题，说孩子讨厌学习，一看到作业就抗拒不写，我问她：孩子不想写作业的时候你一般会怎么做？这位妈妈说，她会耐心地鼓励给她讲道理：我知道你不想写，但是作业我们迟早都是要面对的，今天不写明天还得写，所以你今天写一点点，明天写一点点，慢慢不就写完了吗？妈妈小时候也不想学习，所以现在工作很辛苦，每天还要搬土还要搬砖（这位家长做营养土生意），妈妈不希望你再走我这条路，你就好好地把作业做完，不要害怕它，不要恐惧它，你完全可以战胜它的，一点一点来，我没有让你一下子做那么多，就一点点……

这位妈妈和我沟通时用的是微信语音，一条条五十多秒的语音都在讲她如何用心给孩子讲道理，听得我都头大，我都受不了。我当时就想，面对这样的妈妈，孩子得多烦躁多无力，怎么会有心思写作业！

既然不应该讲道理，那这事该怎么解决呢？很简单，就是我们前面讲的，不越界，不插手，不介入。孩子不想写，你就让他磨蹭一会儿，你放心，他心里惦记着作业呢，他肯定会写的，无非就是晚一点点。

如果你是那种不说话就憋得难受的人，不说不行，那就和孩子说共情、理解他的话：这么多的作业，确实写起来挺不容易。这就足够了，其余的一句都不说，这表达的是对孩子的理解，是在和孩子共情，孩子的情绪更容易疏通。

一位学员给我说了她经历的一件事：

二宝跑的时候摔倒了，应该特别疼，所以没立马自己起来，姥姥看到后马上跑过去看看怎么样，大宝和我都坐在沙发上没有动。

大宝看到姥姥对弟弟这样关心就很难过，说有一回自己摔倒了哭了姥姥并没有这么关心，边哭边说。我就给她讲道理：你总想让别人对你好，你应该想想你是怎么对别人的，你对你姥姥也没有多好，你不也跟奶奶更亲吗？为什么总是看别人怎么对你不好？姥姥每天起早伺候我们吃饭也没看到你感恩过……

我讲了一堆大道理，大宝还是哭，觉得自己特别伤心。后来等她不哭了我又说了些大道理，我也不知道这样做对不对，我觉得如果不跟她讲这些她会不知道感恩，不知道怎么去关心别人，只会索取，只会看到

03 亲子关系中的减法

别人的缺点。

读者朋友，如果你是上面的大宝，听了妈妈这些话，你会更感恩更孝顺呢，还是觉得妈妈不理解自己从而和妈妈的关系更疏远呢？

妈妈讲的道理对吗？当然对！但有用吗？肯定没用！不但没有用，而且还有副作用。

为什么呢，因为人首先是感性动物，其次才是理性动物，如果我们的情感、情绪没有疏通，我们是听不进去任何道理的，所有的道理都变成了拒绝我们、否定我们、攻击我们的武器，攻击着我们本就受伤的心灵。

如果妈妈能看到并接纳孩子的情绪，对孩子说"我看到你很难过，来，让妈妈抱一抱"，孩子的情绪需求立刻就会得到满足，道理自己就想明白了，根本不需要别人讲，感恩、善良、慈悲、体贴、礼貌是我们人类的天性，尊敬老人、孝顺父母这样的道理谁不懂呢？正如下面一位学员给我反馈的案例：

记得多年前，孩子见人不喜欢打招呼，我给孩子讲你长大了，碰见人需要打招呼，这才让别人觉得你懂礼貌，有教养。这些话说破了嘴皮孩子都没改变丝毫，可我还是不甘心，怎么自己的孩子就这么不懂事？把我气得够呛。可后来不管怎么说、讲道理、吵，甚至是骂他，再碰到熟人还是原样，匆匆而过。那个时候的我心里是无比失望和懊恼，自己怎么就养了一个这么不争气的孩子？！

再往后也就不说孩子了，爱咋样咋样吧。

也不知过了多久，有一次放学路上碰到楼下邻居也去接孩子，我还没说话，孩子抢先说"阿姨好"，我一下愣住了，都忘记打招呼了，心里想着这孩子今天怎么了，怎么我不说他了，他还主动打招呼了，但心里是莫名的欣慰和开心。后来问孩子咋就主动打招呼了呢，孩子居然说：道理我能懂，可是以前你越逼着我说吧，我就偏偏不想说；后来你不说我了吧，我反而觉得我应该说了。

卢梭说："事事讲一番道理，是心胸狭窄之人的一种癖好。"他还说："三种对孩子不但无益反而有害的教育方法是，讲道理、发脾气、刻意感动。"所以我们家长一定要管住自己的嘴，这些批评指责讲道理的话尽量不说，忍住，哪怕自己憋出内伤来都不说。实在不行，自己出去溜达一圈，远离"案发现场"。这些话说出来，伤孩子；不说出来，憋在心里伤自己。伤孩子还是伤自己，咱可以做一个选择。

无论批评指责也好，还是讲道理唠叨也罢，其背后的原因都是家长对孩子不接纳不相信，认为当孩子出错时自己不批评两句、不讲讲道理孩子就不会改正。

面对孩子的错误行为，我们没有必要总是批评指责讲道理，适当的不打扰、让孩子自己承担自然后果，孩子才能吃一堑，长一智。

三、远离暴力

当孩子犯错后，除了批评指责讲道理，有些更严厉的家长甚至会对孩子动用暴力，常见的暴力有打、骂、吼，有些家庭还会用冷暴力，比如把孩子关在屋里罚站面壁，给孩子甩脸色不和孩子说话，这些都属于暴力。原因也很简单，一部分是因为孩子犯错或者没有达到家长的要求，另一部分是家长自己心情不好就拿孩子出气。一位学员曾给我反馈说：

有一次，儿子做错事情了，他爸就准备拿戒尺教训他，我在一旁阻拦，因为他爸只要发起火来就像着魔一样，下手特别重，之前有一次孩子就被打到住院了，还做了一次手术。所以我知道他有这毛病，就下意识地阻拦他，他没打成，但也没解气，顺着就朝儿子头上吐了一口口水，嘴里还骂骂咧咧。

这暴力太严重了，孩子都被打住院了。没有打成孩子，就朝孩子头上吐一口口水，这是在教育孩子吗？这就是赤裸裸地把孩子当发泄对象。

这是一个简单到不用解释的道理：暴力并不是教育孩子，而是在伤害孩子。武志红在给《原生家庭》一书写的序中说："家，是爱与温暖的传递通道，也是恨与伤害的传递通道。"暴力传递的没有爱，没有教育，全都是恨与伤害。

暴力可能让孩子变得顺从，但不能让孩子变得懂事；可能让孩子变得听话，但不能让他们变得自觉上进。暴力也许能得到一些暂时的、表面的效果，但它是以儿童整体的堕落和消沉为代价的，消耗的是亲密的亲子关系。

网络上有一个视频，一个成年男人站在家门口的楼道里，比他个子更高的儿子站在门里边大声地训斥这个爸爸，骂骂咧咧，甚至还要求爸爸跪下，爸爸一直低着头唯唯诺诺不敢言语，时间长达好几分钟，是他们邻居拍下来的。

后来这个视频在网上发酵，引起了很多网友关注，于是有一位记者前去采访这位爸爸。爸爸对记者说，儿子小的时候，爸爸经常因为儿子不听话打他，打得很凶，后来儿子一点点长大，慢慢地他发现儿子越来越不怕他了，直到有一天儿子比他个子还高，他又要打孩子时却被儿子给打了，而且儿子比他力气还大，他根本打不过儿子，从此他们家就反了过来，现在成了儿子经常训斥老子。

发生这样的事情，你觉得是老子的原因还是儿子的原因？下面是我的一位学员给我反馈的她的经历：

之前对大女儿的教育遵循老一辈人的方式，相信"棍棒底下出孝子"的教育理念。大女儿在八岁以后开始顶嘴，这一点让我最受不了，经常因为顶嘴气得我打她，觉得她不尊重长辈、没大没小，如果不治一下她真的不行了，以后长大了还得了！但是现在长大了，好像情况也越来越糟糕，她已经不怕我打她了，她会说："你打吧，反正又不是没打过。"而且眼里充满了仇恨一样，让我有点害怕，我觉得不能再这样下去了。

这些真真实实的案例说明，暴力是多么伤害亲子关系啊。其实很多家长打过孩子之后都会后悔，甚至和孩子一起哭，可为什么改不了呢？习惯了，有些家长打孩子下手越来越重，如果你问她为什么使这么大劲，她就会告诉你：打轻了不解气。

王芳在《最好的方法给孩子》一书中讲了这样一个案例：有一次她录节目时遇到一个青春期叛逆女孩，孩子说，我妈就这样，从来不沟通，全部都是暴力，她心情不好我就遭殃，所以现在我就是在报复她，她折磨我十四年，我就报复她四年，然后我十八岁了，我们两不相欠。你看，暴力是多么伤害亲子关系啊。

亲子之间有着天然的亲密关系，这种关系本来是很牢固的，但也经不住暴力的蚕食。亲子关系遭到破坏，影响的是孩子的人格。

不但伤害亲子关系，暴力还会扭曲孩子纯洁善良的心灵。哈佛大学犯罪学家研究发现，那些脾气暴躁、缺乏耐心的父母由于管束不了孩子而采取暴力的手段，结果导致子女也变得有暴力倾向和具有攻击性，这种暴力行为发生得越早，性质就越严重，后果也越可怕；而从小在关爱和包容的家庭氛围中长大的孩子，出现反社会行为的概率最低。

当然我也知道，很多家长自己也不愿意打骂孩子，而是因为控制不住自己的脾气才对孩子发火的，这就涉及了情绪管理。

本书的第七章将专门讨论情绪管理，现在我们要做的是先意识到这一点：批评、指责、说教、暴力，这些对孩子的成长都没有帮助，我们要尽力避免。

+ 总 结 +

批评、指责、讲道理、唠叨、语言暴力、打骂等，这些都不是对孩子的教育，都是以教育之名在破坏你们的亲子关系，如果你以前经常这样对待孩子，那么现在停下来就是进步。

回顾与思考

你以前因为什么事情批评指责甚至暴力对待过孩子？现在看来，你当时的批评指责有效果吗？

_____

_____

_____

_____

_____

第 6 节　不奖罚

奖励和惩罚的教育方式适合于学校，并不适合于家庭。

一、奖　励

我在一家知名的思维类在线教育机构工作时，经常遇到类似下面这样的情况。

一位家长给孩子报了我们的线上思维课，孩子学得很好，上课时认真听讲，下课后积极写作业，而且课程内容孩子都能消化。妈妈很开心，于是就奖励孩子每次上完课后看十分钟动画片。

慢慢地，妈妈发现孩子有三个特别不好的苗头：第一，上课听讲越来越不专心，也不爱和老师互动，眼睛时不时就要看看表，因为惦记着下课后看动画片的事；第二，写作业不积极了，以前下了课马上就写，现在变成下课要先看动画片，动画片看完了才不情愿地写作业；第三，看动画片的时间越来越长，原先说好的每次上完课可以看十分钟，慢慢地半个小时孩子都不愿意停下来。

孩子表现好，家长奖励孩子看一会儿动画片，这本来是我们的一片好意，却造成了这样的结果，后来甚至到了要退课的地步，这是为什么呢？这和奖励的特性有关。

我之所以不建议家长用奖励的方法来教育孩子，是因为奖励有两个非常不好的特性：衰减性和腐蚀性。

所谓衰减性就是，奖励对孩子的激励作用会越来越小，比如你这次奖励他十块钱他很满足，下次十块钱可能就不行了，因为他的胃口大了，就像是上面案例中的妈妈奖励孩子看动画片的时间一样，起初十分钟就可以，慢慢地半小时都不行。

而且一旦我们用奖励的方式来激励孩子，时间长了，孩子必然和我们讨价还价，而往往我们是不愿意的，我们的理由是"之前已经商量好了""我们要说到做到"。你满足不了孩子的胃口，孩子就有理由不去做；孩子不去做，我们就会发火，亲子关系就会破坏，这就是奖励的衰减性。

另外奖励还具有腐蚀性：本来孩子做好一件事之后，自己会有巨大的成就感和满足感，他会觉得自己很了不起从而产生自信，如果家长这时奖励了孩子什么，就把孩子原本的那种成就感和满足感给剥夺了。

举个很常见的例子，如果孩子考试考得好你奖励他一些钱，那么瞬间孩子在学习方面的成就感、满足感一下子就没有了，取而代之的是对钱的喜欢，这就是奖励的腐蚀性。但是对钱的喜欢是不足以支撑孩子今后刻苦学习的，所以得不偿失。

有一些家长说，我不直接奖励孩子东西，而是奖励孩子积分，或者小红花，孩子用得到的积分、小红花再来兑换他想要的东西，比如五个小红花玩半小时手机，十个积分可以换一个雪糕。

这种方式看似高明，但同样不可取，它只不过是我们和孩子玩的一个滑头的游戏，同样是我们想要操控孩子的一个损招，和直接的物质奖励一样不会有长期效果。下面我们看看经常奖励孩子的家长们怎么说：

一、老大读小学高年级时喜欢上了电脑小游戏，我们觉得问题不大，和孩子约定一次不能玩太久，刚开始孩子也能遵守。为了激励孩子好好写作业、多干家务、多运动，我们就想到用游戏时间进行奖励。不幸的是，正如课程里讲的，奖励具有衰减性和腐蚀性，慢慢地奖励效果不行了，十分钟、二十分钟游戏奖励时间越来越满足不了孩子的胃口，而没有奖励，孩子对于写作业、家务、运动也越来越敷衍，游戏瘾也越来越大，亲子关系也越来越差。

二、四岁半的儿子已经能够用奖励和我们谈条件了，这是我学完这节课深深的担忧。他早上不想起床上幼儿园，就和我们说去幼儿园晚上回来要买一个玩具作为奖励，我们答应了他，不过确实发现他提要求越来越频繁，而且总是拿他的想法要挟我们。我们要求他做一件事，他就反过来再要求我们为他做点什么。

三、曾经有段时间，为了锻炼孩子做家务、提高做家务的积极性，我们也用了奖励的方法，把做家务明码标价，擦桌子、洗碗、扫地、自己洗澡等，刚开始还挺有用的，当拿到了几次零花钱后，好像效果也不明显了，后来每天做不做家务取决于孩子想不想赚钱。

四、孩子刚上小学时我也为孩子做过小积分本，本想通过奖惩帮孩子养成好的学习习惯，后来发现时间长了，孩子变得很佛系，有积分就兑奖，没积分就算了，自己该怎样还怎样。以至于后来学校老师用小印章记录奖励、贴红旗奖励，他都无所谓，喜欢举手发言的，还是会举手；不爱写作业的，还是不爱写。可以看出，奖励对孩子无效。

五、到了五年级爸爸为了让孩子学习做家务，答应孩子每扫一次地给五元，一周结算一次，导致孩子做家务都是为了奖金。前两天我和他爸都有些累，晚饭后本来每天都是爸爸洗碗的，我们想让他帮忙洗一次，他问有工钱吗？没有就不愿意干。结果把他爸爸气得不行。后来虽然他很不情愿地把碗洗了，但是还是对我说："以前都给钱的，这次不给钱还要教育我。"我可以感受到他心里的愤怒和委屈，这都是奖励惹的祸。

六、前几天让儿子做作业，他就和我讲条件：一天把所有作业做完就奖给他一百元。奶奶听了就马上回应"你做完我给"。结果他还是在那里磨叽，问他怎么不写了，他说作业太多了一天肯定完成不了，一百块钱肯定拿不到，就不想写了，结果三天也没有完成。

七、女儿三四岁时，要什么东西，我们就用集笑脸、集星星来兑换。后来女儿就什么都不要了，她说："我要什么，你们又要我集多少，那么多条件，我不要了。"直到现在，我女儿都没有特别想要的东西，无论什么事愿意的就做，不愿做的绝不做。包括规则，哪怕是她高兴时制定的，她不愿做时照常不做。现在不管是物质奖励，还是精神奖励，很少有触动她心灵的。

八、我们家是用积分制的，比如为了鼓励他看书，看半个小时就奖励五颗小星星；被老师点名表扬一次，奖励一颗小星星；计算口算满分，奖励一颗小星星。当他想要玩手机时，就用五颗小星星换十分钟。或者他想要买什么玩具，那我就会根据情况，说用几颗小星星来换。结果呢，他看书的时候经常问我有没有到三十分钟，过一会儿又问妈妈有没有到三十分钟啊，可见他不是为了看书而看书，而是为了得到那五颗小星星，勉强自己在那边看半个小时而已，根本就不走心。

九、暑假的时候，我们特意买了个奖励表和暑假作业计划表，例如每天每个科目做一个作业，提前预习下学期的课文，每天练字半页纸，每天看十五分钟书，等等，若每天做了一项就会得一个小爱心，每周得了多少个就有一个对应价格的小礼物。开始执行时她很有兴致，到第四天完成得不是太好，只完成几个，到晚上时，我提醒她说今天完成得不是太好哦，她撅着小嘴直接说不想要玩具了，就直接离开了。

所以就是这样，无论你是直接奖励，还是变着法地用积分小红花来奖励，基本上都不会有太好的效果。

其实相对于我们对孩子的奖励，孩子更期望我们对他真挚地欣赏和肯定；相对于得到奖励，你一句真心的感谢、一句用心肯定孩子的话、一个欣赏的眼神，会让孩子更加期待和受用。

可能有人会问：难道孩子表现好的时候我们不能送他点什么吗？

当然可以，但是我想说的是，如果你真的想送孩子点什么，不要非等到他表现好的时候才送，因为这样就变味了，好像成了一种交换。你想送给孩子的时候就直接送，或者孩子要的时候你就大方送给他，不要有任何附加条件。我们来看一位学员给我的反馈：

姐姐回来说，妈妈，我这次考试考了95分，你能奖励我一个玩具吗？换成之前我肯定会马上说"可以啊，你要什么玩具"，现在不了，我问她"你为什么能考这么多分"，她说不知道，我告诉她，这跟你在学校认真听课、完成老师的作业是分不开的。你想要礼物，妈妈随时都可以给你买，不是因为你考了95分才给你买，这个分数，你开心吗？她说我很开心。我说，那就对了，你的开心是因为你付出的努力有了回报，不是因为我给你买玩具。她说是的。

我告诉孩子：妈妈爱你，不是因为你考了多少分才爱你，而是因为你是我的女儿才爱你。和她谈了几次这种话题之后，姐姐再也不会考试考好了就来交换她喜欢的东西，我觉得，她的积极性比之前还要高一些。

你送给孩子礼物，是因为你爱他、你的孩子值得你送给礼物，而不是因为孩子表现好，孩子表现好和你送孩子礼物，这完全是两回事，不应该有因果关系。

如果我们等到孩子表现好了才奖励他什么东西，那么这个奖励其实就成了对孩子的一种操控：你想要操控孩子往哪个方向走，所以你就在那个方向设置了诱惑。但是聪明的孩子怎么可能看不透家长这些小伎俩、小把戏呢，所以几次之后就不和我们这么玩了。

一位爸爸去美国出差，处理完工作的事情后还剩些时间，就去商场逛一逛，看到一双运动鞋，以他对儿子的了解，儿子一定很喜欢，于是他就买了下来。等回到家里，把运动鞋拿给儿子看，儿子确实很喜欢，于是他说：如果你这次考试能考进你们班前三名，这双鞋就送给你。没想到儿子放下鞋说：你留着吧，我不要了。然后转身就走了。

你看，孩子何等智慧，他们看不出我们的小聪明吗？所以这种"当"孩子是不会上的。

另外，心理学研究也发现，奖励并不会让孩子表现得更好。

有一位叫德西的心理学家做了一个实验，他随机抽调了一批学生去解一些有趣的智力难题。在实验进行的第一阶段，学生解题过程中没有设置任何奖励。进入第二阶段，学生被随机分为了实验组和对照组，实验组的学生被告知，每完成一道难题，便可得到一美元的奖励；而对照组的学生仍像原来那样解题，没有奖励。

进入第三阶段，这是一段空闲时间，学生可以自由安排自己的事，研究人员却在观察学生有没有在解题，以此作为判断学生对解题兴趣的指标。研究人员发现，没有奖励的学生比有奖励的学生愿意花费更多的休息时间去解题。

也就是说，有奖励的学生对解题的兴趣反而衰减得更快，而没有奖励的学生在进入第三阶段后，仍然对解题保持了较大的兴趣

所以，奖励并不是一个很好的教育方法。奖励和惩罚往往是结伴而行，常用奖励的家庭也经常惩罚孩子。

二、惩 罚

惩罚也同样没有作用，我建议大家不要用。比如罚孩子面壁反省、罚孩子多久不能玩手机、罚孩子不能吃饭、罚孩子减少零花钱，等等，这些惩罚都没有效果，只会让孩子和我们更疏远。我们来看下面这个案例：

惩罚不会让孩子长记性，我自己亲身试验过。那时候姐姐还小，每天晚上我都会让她写一页字，有天她忘记写了，我很生气，就罚她跪在门外面，告诉她这就是不好好学习的后果。姐姐很害怕，我觉得她害怕就会长记性，后面维持了一个月的时间，又开始忘写了，我又一次让她跪在外面，这次还不让奶奶陪，可是好景不长，还是没有坚持多久。

家长的观念是"惩罚能让孩子记住"，真不是这样的，只有孩子自己想要改变的时候，他才会改，我们要做的就是把孩子的自主力提升起来。

家长惩罚孩子的目的，无非是让孩子长记性、下次不再犯同样的错误。其实这很简单，根本用不着惩罚，你只需要帮孩子把问题解决掉就可以了。下面是我一位做家庭教育的朋友给我讲的她帮孩子解决问题的一件事：

儿子五岁的时候，有一天她回到家，发现儿子手里拿着一个圆筒形的袋装饼干玩，还没有拆封。她问儿子从哪儿弄来的，儿子如实说是从邻居家的小商店、趁别人不注意时偷偷拿来的。

朋友立马就明白，自己的孩子偷东西了。但是她并没有立刻对孩子的偷窃行为进行教育，而是在思考了一会儿之后，才问儿子："你是不是特别想吃这种饼干呀？"

孩子说是，这是一种新饼干，他的一个朋友吃过，说特别好吃。

朋友对儿子说："妈妈知道了，你是想尝尝新饼干是不是像你朋友说的那么好吃。但是，在没有经过别人同意的情况下拿走人家的东西，你觉得这样做对吗？"

儿子摇摇头说："不对。"

"你说得对，拿别人家的东西是不可以的。你说现在这个问题该怎么解决呢？"

儿子为难了，不知道该怎么办。

我朋友接着说："这样吧，妈妈照顾你的面子，给你保密，这件事不告诉任何人。但是你要把饼干送回去，你怎么拿出来的，就怎么送回去，你想吃的话，妈妈再给你买回来，你觉得怎么样？"

儿子愉快地接受了她的建议，并且在她的配合下，把那袋饼干偷偷送回了食杂店，然后朋友又帮儿子买回了那袋饼干。

回到家之后，朋友告诉儿子，他的合理需求，妈妈是可以满足的，以后遇到类似的事情，完全可以通过和妈妈商量的方式来满足自己的需求。

从此以后，朋友的儿子再没有发生过一次偷东西的行为。

所以你看，当孩子的问题被解决了，他自然也就不会再出问题，比如说谎、偷偷拿家里的钱等，我们应该把精力放在如何和孩子一起解决问题上，而不是放在惩罚孩子、让孩子长记性上。

关于惩罚，很多心理学家、教育家、哲学家都有过阐述，我给你举一些例子：

劳伦斯·科恩在《游戏力》一书中写道："我从未见过谁是因为被惩罚而身心健康的，允诺、威胁、奖励和惩罚，是处理人类事务的最低级方式。"

简·尼尔森在《正面管教》一书中写道："惩罚的长期效果是孩子用以下四个中的一种或全部来回敬我们：愤恨，报复，反叛，退缩。"

马歇尔·卢森堡在《非暴力沟通》一书中写道："我可以通过惩罚来教训他们，但如果我真的那样做了，他们迟早也会想出办法来对付我。惩罚将导致关系的疏远，一旦我们被看作是施暴的人，我们就很难得到友善的回应。"

阿黛尔·法伯在《如何说孩子才会听，怎么听孩子才肯说》一书中写道："惩罚并不起作用，孩子的精力分散到了如何去报复家长上面，错失了对自己不当行为的反悔以及思考修正错误的机会。"

尹建莉老师在《最美的教育最简单》一书中写道："儿童是脆弱的，成长只需要鼓励，不需要惩罚，一切严厉的对待都隐藏着某种伤害。"

类似的教育专家关于惩罚的评价还有很多很多。既然如此多的专家老师都不赞成惩罚，那么当孩子犯错后我们该怎么办呢？很简单，接纳孩子，并让他承担错误的自然后果。家长的接纳会让孩子感受到安全与放松，承担自然后果会给孩子完整的体验，这样孩子必然会从错误中吸收经验。

关于自然后果，一些家长知道，但可能理解并不透彻，甚至有一些误解，比如有学员对我说：孩子老师管得不是很严，如果孩子当天的作业没写，第二天老师可能不查，这样孩子就糊弄过关了。也有一些学员给我说：孩子当天的作业没写完，第二天让我给他请半天假在家补作业，如果我给他请了，孩子就接受不到老师的批评，这样就体验不到自然后果。

这些家长呢，把老师对孩子的批评当成了孩子没有完成作业的自然后果，其实并不全。孩子没有写完作业，第二天他的心情一定是紧张的，他一直担心老师会查到他的作业，心里一直在捏一把汗，这同样是自然后果；如果我们给他请了假，孩子上午或者今天一天没有去学校，在家补作业，从而耽误了一些功课，他的心里也会不安，这一样也是自然后果。

所以我们不要理解得太狭义，认为不写作业的自然后果就是被老师批评。

这是简单说了一下自然后果，我们再回到没有必要惩罚孩子上来。其实你想想，我们要的是什么？是为了惩罚孩子吗？当然不是，我们要的是孩子吸取教训、获得经验，以后不再犯这样的错误，既然这样，惩罚孩子就完全没有必要了。

+ 总 结 +

　　奖励和惩罚都不能起到好的教育效果，奖励具有腐蚀性和衰减性，还具有操控孩子的味道，而惩罚则会破坏孩子在没做好一件事情后的完整体验和反思，让孩子把对没做好事情的内疚和反省转变为对家长的不满和敌意，这些都不利于孩子的成长。

回顾与思考

　　以前你因为什么事奖励过孩子？因为什么事如何惩罚过孩子？现在想想，这些有效果吗？

小 结

关于亲子关系建设，我们通过两个篇章共十二节详细讨论了十二个关键词，它们分别是：接纳、欣赏、陪伴、相信、尊重、界限；不越界、不着急、不期待、不比较、不指责、不奖罚。

如果我们再来分析一下这些关键词的共性就会发现，这十二个关键词其实都是在做一件事：爱我们的孩子。

所有的家长都知道爱是最好的教育、要给孩子无条件的爱，但这个无条件的爱怎么给？

我不愿意单独说"爱"，因为我感觉单说"爱"这个字太空泛，所以就把它拆解成了以上十二个具体的关键词。我们做到了这些关键词，就是在爱孩子，孩子自然就感受到了我们的爱。

而不是每天把"爱孩子"挂在嘴边，生活中却总不接纳、没有欣赏、不愿陪伴、不去相信、没有尊重；不但如此，还总越界、总着急、总期待、总对比、总指责、总奖罚。这样的话，我们怎么能说我们爱孩子呢？孩子怎么会感受到我们的爱呢？爱，如果感受不到，就不是爱。

当我们做好了这十二个关键词，把这些关键词应用到孩子成长中的方方面面，比如吃饭、睡觉、写作业、玩手机、报兴趣班、和小朋友玩，等等，那么美好的亲子关系自然水到渠成，而美好的亲子关系又会让孩子形成健康强大的人格，孩子就自然会把自己的事情做好，即便当下做得不太好，没关系，相信孩子、给他时间、让孩子自己去锻炼，他一定会越做越好。

所以真正的家庭教育，并不是教你怎样控制孩子玩手机的时长、怎样让孩子写作业快一点、怎样培养孩子的专注力等，不是的，而是通过这些关键词，和孩子建立良好的亲子关系，从而让孩子成长出健康而强大的人格。

我们要把以前用在控制孩子玩手机、盯着孩子写作业、陪孩子上课外班、整天和孩子斗智斗勇的精力，转移到给孩子真诚的赞美、陪孩子痛快地游戏上，以及其他的那些关键词上，这就是家庭教育中的"有所为，有所不为"。

我一直建议家长不要干涉孩子的学习、让孩子自己来安排，有些家长会有疑问：那我就完全不管他了吗？当然不是，是把你之前干涉孩子学习时的精力，转移到每天用心陪孩子玩上、每天努力发现孩子的闪光点上、真心接纳孩子的表现上……这样，关于学习的事，孩子自己就会处理得很好。

人本主义心理学创始人亚伯拉罕·马斯洛研究总结出了人的需求层次理论，并且已经被广泛认可、验证、应用，该理论认为，人的需求是有层次的，大概可以被分为五个层次，当低层次的需求被满足后，就会有更高一层的需求。该理论指出，人最低层次的需求是生理需求，比如吃饭、喝水、睡觉，第二层次的需求是安全感，第三层次的需求是爱和归属，第四层次的需求是被尊重，第五层次的需求是自我实现。

对于一个孩子来说，在当下的中国，生理方面的需求我们肯定能满足，比如让孩子吃饱、不被冻坏。而接纳、欣赏、陪伴、相信、尊重、不指责、不奖罚、不越界这些关键词，就是在满足孩子上述二、三、四层次中的安全感、爱和归属、被尊重方面的需求，等这些需求孩子都满足了，接下来他就会努力自己满足自我实现的需求。

什么是自我实现，就是最大限度地发挥自己的潜能。孩子要自我实现，他就一定会自己努力学习，参加比赛一定想要取得一个好名次，写作文一定想要写成范文被老师在全班诵读，打游戏也一定要把别人比下去，长大后一定会找到他认为有价值的事业努力做下去。这就是孩子的内驱力，每个孩子都一样，天生的。

所以，我们只管把这十二个关键词做好，让孩子切实感受到我们对他浓浓的爱意，如此，孩子自然会成长出健康的人格，最终自我实现，因为取得成就只不过是人格健康的附属品而已。

04

阅 读

第 1 节　阅读的重要性

第 2 节　培养阅读兴趣

第 3 节　避开阅读的坑

第 1 节　阅读的重要性

凡是没有学会流利地、有理解地阅读的人，是不可能顺利地掌握知识的。

——苏霍姆林斯基

几乎每一位家长都希望自己的孩子喜欢阅读、博览群书，但为什么还是有很多孩子的阅读兴趣没有培养起来呢？我向大量家长调研后发现，很大一部分原因是家长对阅读重要性的认识还不够，没有认识到阅读是和吃饭、睡觉、上学同等重要的事情，所以并没有投入足够多的精力培养孩子的阅读兴趣，从而耽误了最佳时期。

我们做与不做一件事，往往以我们是否认为这件事足够重要为判断依据。凡是我们认为足够重要的事情，我们就会用心去做；如果我们没用心做一件事，很可能是因为我们觉得这件事不够重要。培养孩子的阅读兴趣也一样，首先在于我们是否足够重视这件事。所以在讨论培养孩子阅读兴趣的方法之前，我们有必要先系统地认识一下阅读的重要性。

第一章我们就介绍过，孩子的成长除了被动接受来自外部的家庭教育、学校教育和社会教育，还有很大一部分是主动开展自我教育。家庭教育和学校教育，往往在孩子小的时候发挥重要作用，但是一个孩子、一个人是需要持续成长的，即便成年后仍需要成长。那么他长大之后的成长由谁来教育呢？社会教育会承担一部分，但更多的则需要孩子进行自我教育，而阅读则是自我教育的最主要途径，阅读滋养孩子的人格，会让孩子的人格越来越饱满。一个不阅读的成年人，基本上就停止成长了。而小时候就被培养出阅读兴趣的孩子（人），即便是成年后，也照样会通过阅读获得持续的成长。

那么除了这一点，阅读还有哪些重要的作用呢？

第一，阅读可以开发孩子的大脑和智力，提升孩子的学习能力和学习效率，从而促进各个学科的学习。

所以我们才会经常看到，那些阅读量很大的孩子，他们可能在学习上投入的时间和精力并不是特别多、看起来并不是特别努力，但是学习成绩却很好，就是因为阅读开发了他们的大脑和智力，提升了他们的学习能力，从而使他们的学习变得简单而高效。

有一本书叫《父母的语言》，这本书的作者是美国芝加哥大学的儿科教授达娜·萨斯金德，她在书中说，智力启蒙的第一要诀是大量的语言输入，因为人是用语言来思考的，语言输入越多，智力就开发得越好。而语言有两种表现形式，一种是声音，另一种是文字。

文字是一种抽象的符号，是信息的载体，阅读的过程就是我们的大脑将这些抽象符号转化成信息进行加工、吸收的过程，所以孩子越是经常阅读，大脑就会被开发得越好。而且文字这种符号与孩子在各个科目学习时使用的是同一种符号，孩子的阅读量越大，对这种符号掌握得越熟练，理解起来就越简单，学习起来也就越容易，效率越高。

所以说，阅读量直接关系到孩子各个学科的学习效率，阅读量大的孩子，学习起来必然轻松高效。如果阅读量上不去，等孩子升到高年级，比如初中、高中，学习起来往往会很吃力。《人民日报》就曾经刊文说：初中掉下的成绩，可能都是小学欠下的阅读账。

很多家长为了帮助孩子提高学习成绩，会给孩子报辅导班、让孩子多做作业，甚至亲自为孩子讲题。然而大家也发现了，这些做法效果并不一定好，不但提升不了孩子的学习效率、学习成效，甚至还可能导致孩子厌学。更高明的做法是，想办法提升孩子的阅读量，激活他们的大脑，让学习这件事变得更加高效而简单。

苏联教育家苏霍姆林斯基曾尝试用多种方法来促进学生的大脑开发，最后得出一个结论：最有效的方法就是扩大他们的阅读范围。他说："三十年的经验使我深信，学生的智力发展取决于良好的阅读能力。凡是没有学会流利地、有理解地阅读的人，是不可能顺利地掌握知识的。"

我们可以举一个例子，一位家长发给我一道孩子的数学应用题：

一个停车场停车两小时收费 5 元，如果超过两小时，每多停 1 小时要多缴 3 元（不足 1 小时按照 1 小时算），亮亮爸爸离开这个停车场时缴了 14 元，请问他最多停车几小时？

孩子不会做，喊来爸爸帮忙，读了题干后爸爸认为：前两个小时收费 5 元，所以每小时 2.5 元，两小时以后，因为"每多停 1 小时要多缴 3 元"，所以往后每小时是 2.5+3=5.5 元。爸爸按这个思路教孩子，结果错误。

后来妈妈也过来了，读了题干后妈妈认为：前两小时 5 元，后面每小时 3 元，所以最后的结果是 2+（14-5）/3=5 小时。

大家看，这道题考的是孩子的数学计算能力或者数学思维能力吗？并不全是，还包括对题干的理解能力。这哪是一道数学应用题啊，更像是一道阅读理解题。很多小学生不会做应用题，不是没有逻辑能力，而是因为读不懂题。

这位妈妈说：我老公从小不阅读，到现在也从不看书。所以他理解不了题干的意思、做不对，也就很正常了。

可能有一些孩子小时候也读了很多书，但是学习上表现得并不十分突出，这也很正常，我们不要着急，因为阅读功效的发挥需要长时间的积累，这不是一个立竿见影的事，我们一定要沉得住气，把目光放长远。就像尹建莉老师在《从"小"读到"大"》一书中所说："那些阅读量大的孩子，即使他们从小表现一般，但由于积蓄了巨大而深厚的潜在力量，而且心理状态因为阅读变得越来越健康，因此在以后的学业中往往表现出很强的爆发力，成为后起之秀。"

所以对于学习来说，阅读的重要性远远超过了让孩子上辅导班、写那些你给孩子留的额外作业，我们宁可不让孩子上一些课外班、允许孩子不写那些没有意义的作业，也不能耽误了孩子的阅读。如果你希望孩子在学业上取得好成绩，就必须重视培养孩子的阅读兴趣。

这是阅读的第一个重大意义：开发大脑，提高智力，从而促进各科的学习。

第二，阅读可以帮助一个孩子形成正确的人生观、价值观、世界观，从而为孩子的成长之路保驾护航，保证孩子不走错路、不走歪路。

我们的"三观"如何形成，一部分来源于父母对我们的言传身教和他们的言谈举止，另一部分来源于我们读过的每一个字、每一句话、每一篇文章、每一本书，都会影响我们的思想、净化我们的心灵，影响着我们的人生观、世界观、价值观。正如尹建莉老师在《好妈妈胜过好老师》一书中说："一个从阅读中经历了古今中外各种社会生活、经历了漫长历史发展、倾听了众多智慧语言、分享了无数思考成果的孩子，不仅在思想上更成熟，在价值观上也更完善，这是做人的根本。"

孙云晓老师也非常重视孩子的阅读，他本身就是阅读的受益者，在《习惯决定孩子一生》一书中分享了对读书的看法。孙老师是这么写的：

谈到读书，我最强烈的反应就是感恩，因为读书把我从黑暗中拯救出来，读书使我抵御了魔鬼的诱惑，读书改变了我的人生轨迹。

1966年，我11岁，把中国拖进文化沙漠的"文化大革命"发生。我哥15岁，在青岛某工厂的技校学习。当时，工厂里也闹"文化大革命"，图书馆把文学名著扔了一地准备烧毁。我哥哥觉得把书烧了可惜，趁着没人的时候，悄悄装了一书包的书回家。万万没想到，这一书包的书改变了我的命运。

我父母都是工人，近乎文盲。由于物质和精神都贫困，他们从来不给孩子买书、订报，觉得孩子将来是靠出力气挣饭吃的。出乎意料的是，我读了《红岩》《青春之歌》《林海雪原》《苦菜花》《风雷》《烈火金刚》等文学名著，痴痴地做起文学梦，立志当一个作家。在批判"一本书主义"的风潮中，我信奉了"一本书主义"。

虽然我也当过红小兵和红卫兵，但我从不打人，在那段是非颠倒人性疯狂的日子里，我到处寻找各种图书，居然读了《红楼梦》和鲁迅的《故事新编》，还迷上了唐诗宋词。因为文学梦，我自15岁写日记至今达40多年；因为文学梦，我选择了浪迹天涯的记者生活；因为文学梦，我发表了《夏令营中的较量》等一系列文学作品，并加入中国作家协会。如今，我已经出版10余部文学作品和120余部教育专著，这一切成果都起因于11岁养成的读书习惯和文学梦。

在我看来，成年人读书如同品茶，而童年时代的读书犹如吃奶一般重要，因为它会长成人的血肉和骨骼。我甚至认为，一个孩子如果养成读书习惯，等于在心里头装了一台成长的发动机。养成读书习惯的人，一辈子不会寂寞；养不成读书习惯的人，一辈子都不知所措。

这是阅读的第二个重大意义：可以端正孩子的"三观"，为孩子的成长保驾护航。

第三，阅读可以弥补我们家长在教育孩子过程中的不足，以及弥补我们无意中犯的一些错误，让孩子懂得理解、体谅家长，从而完成自我教育。

弗洛伊德说过：再完美的父母也会培养出一个伤痕累累的孩子。在孩子成长的过程中，我们难免会因为情绪的问题、认知的问题犯一些错误，如果我们的孩子喜欢阅读，他就很容易通过阅读书籍来化解掉我们对他的伤害。

举个例子，华东交通大学母亲教育研究所所长王东华教授在他的《发现母亲》一书中写道：

我恨透了这个家，恨透了我的父母，我无时无刻不在寻找着这种发泄的途径，而这本《早期教育和天才》正好恰逢其时地疏通了我被仇恨和痛苦淤积了的心灵，让我找到了一个理解这个世界、理解这个社会的窗口，找到了一个理解自己人生、理解自己成长的顾问，也找到了一个理解他人、理解人类不幸根源的瞭望塔。

从中我们可以看出，如果不是王东华老师阅读了这本书，可能他一辈子都不能理解并原谅自己的父母，从而一直生活在对父母的埋怨中。

而且书对孩子的教育引导效果要比家长的教育引导效果好得多，就如周璐在《我用阅读教育孩子》一书中说："一本好书在孩子的成长过程中绝对是一位比家长更有说服力的人生导师，它可以取代家长成千上万句的唠叨和说教，孩子由此可以完成自我教育的过程。"

武志红在给《原生家庭》一书所作的序中也说过类似的话："在北京大学学习时，一次在图书馆借到了一本书《情感敲诈》（*Emotional Blackmail*），这本书让我读得很过瘾，尤其是长期困扰自己的一些东西一瞬间就明白了，这种理解来得相当简单容易。"

这是阅读的第三个重大意义：可以弥补我们家长在教育孩子过程中的不足，甚至是我们的无心之过。

第四，阅读是一种放松，是一种享受，是在紧张的生活中让人安静下来的方式。对于喜欢阅读的人来说，阅读就是最好的休闲方式。

在我的课程里讲到阅读的意义时，一位学员说：

我家老大老二都是从零岁开始，我就有意识地培养她们的阅读兴趣，当时并不懂这么多阅读的意义，只是觉得多读书一定是好的。开始是读给孩子听，后来就做游戏，我读一句，孩子读一句，慢慢过渡到我一段，孩子一段，再后来孩子五六岁基本就是独立阅读了，当然有的时候孩子还是会想要我读书给她们听，例如尽管我大女儿已经高中了，偶尔她会拿一本书，主要是故事书，让我读给她听。她头枕着我的大腿，我手里拿着书逐句逐句读给她听，妹妹这时也会安静聆听。我特别享受这个过程，仿佛回到了老大小时候，就会滋生出"孩子，你慢慢长"的感叹，有这样的心境后，我发现我就很容易看见孩子的优点了。

我们可以在脑海中想一想这个画面，真是美好呀。这种阅读的过程、亲子阅读的时光，得以让我们紧张的生活缓慢下来。

喜欢抽烟的人靠抽烟来解乏，爱好阅读的人借阅读来消遣。即便是在考试季，对于喜欢阅读的孩子来说，拿起一本书、一本杂志来投入地阅读一会儿足以让他们放松下来，透一口气，然后从中恢复力量，继续前行。

第五，大量课外阅读是学好语文的必需。

大量阅读是学好语文的必经之路，如果没有大量的课外阅读做支撑，孩子只是通过对语文课本的学习，基本不可能学好语文，也无法在语文考试中取得高分。

比如在语文考试中，阅读理解的篇幅越来越大，如果没有大量的课外阅读积累，孩子的阅读速度达不到，很可能没法读完阅读材料，做对题目也就无从谈起。

再比如语文考试中的作文，我们知道，一篇优秀的作文需要两个基本点：第一，作者独到的、深刻的见解；第二，优美而流畅的表达手法。如果一个孩子的阅读量不够大，是不可能有独到而深刻的见解的，也不可能具备优美流畅的表达能力。

很多孩子不会写作文，一写作文就犯难、无法下笔，有些家长会给孩子报作文班，但最根本的解决之道，还是培养孩子的阅读兴趣，让孩子进行大量课外阅读。

所以，孩子对语文的学习一定不能只依赖语文老师的课堂教学，美国南加州大学斯蒂芬·克拉生教授通过大量的研究与查阅文献资料，在《阅读的力量》一书中给我们揭示了一个残酷的事实，他说："直接教学对提高学生的语文能力基本没有功效。也就是说，大部分教师花了大量时间，在课堂上教字词句、语法规则、语文知识、阅读方法，基本上是浪费时间，远不如让孩子自由阅读成绩更突出。"

克拉生教授还在书中写道："有充足的证据显示，不经过正式教育也能培养出语文能力，这些证据都强烈指出，仅仅依靠阅读便足够培养语文能力了。"他在书中还说："语文教育最重要的目标之一就是鼓励自由阅读，并且将它落实。"

所以，课外阅读不仅有助于孩子学好语文，而且想要学好语文，孩子就必须进行大量课外阅读。

以上是我总结出来的阅读的几个重要意义，但阅读的好处远不止这些，阅读还可以开阔视野、陶冶情操、滋润情感、扩大知识面……

既然阅读对于孩子来说如此重要，那么，我们如何培养孩子的阅读兴趣呢？有没有什么方式和窍门呢？这是下一节我们的主要内容。

+ 总 结 +

阅读对于孩子的成长来说无比重要，不仅是孩子自我教育、完善人格的主要途径，大量阅读还可以开发孩子的大脑，完善孩子的"三观"，弥补家庭教育的不足，让孩子适当放松，还是学好语文的必经之路。

如果你重视孩子的教育、希望孩子在学习上取得好的成绩，就一定要重视孩子阅读兴趣的培养。

回顾与思考

　　如果重要性的满分是 10 分,在你心中,培养孩子阅读兴趣的重要性是多少分?

第 2 节　培养阅读兴趣

最重要的是孩子阅读时美好的感觉，这比孩子认了多少字、学了多少知识重要得多，只要这种美好的感觉在，孩子就会爱上阅读。

如何培养孩子的阅读兴趣，我给大家介绍五种实用的方法。

一、每天陪孩子亲子阅读

孩子对阅读的兴趣都是从亲子阅读开始的，没大量的亲子阅读，孩子很难自己对阅读产生兴趣；亲子阅读充足了，孩子自然会爱上阅读。什么是亲子阅读？不是你读你的他读他的，也不是你读一句要求孩子也读一句，而是我们读给孩子听。他可以坐在我们怀里，或者坐在我们旁边，他可以看着书中的内容，也可以手里还搞点别的事，都可以。

有些家长可能会问：孩子多大就可以进行亲子阅读了？几岁就不适合了？答案其实很简单：你什么时候开始和孩子说话，就可以和孩子亲子阅读。读到几岁呢，不管几岁、几年级，只要孩子愿意，可以一直读，直到孩子不需要我们为止。

关于亲子阅读，你一定要把它当成和吃饭睡觉一样重要的事情来做，尽量找一个固定时间坚持下来，如果担心自己忘记，可以设好闹铃，比如每天晚 8 点是你们的亲子阅读时间，等 8 点的时候和孩子捧着书读起来，一年三百六十五天每天如此，一天不落。

其实很多家长都会陪孩子亲子阅读，但并没有将其看得像吃饭睡觉一样重要、每天坚持去做。很多家长只是在孩子要求的时候，或者自己想读的时候就带孩子读一读；孩子不要求，或者自己没想起来的时候就忘了，这样是不行的。

我强烈建议你把亲子阅读当成每天必做的事。你们今天吃饭吗？如果吃饭，就要亲子阅读，这是培养孩子阅读兴趣最好的方法，要坚持下来。

孩子会有松懈的时候，比如他会和你说"我今天不想读了"，没关系，这很正常，不需要强迫他，你自己拿起书来读就可以，一般情况下，用不了多久孩子就会凑过来的。

也有很多家长给我说自己不适合阅读，一拿起书就犯困，给孩子读一会儿自己就昏昏欲睡，所以亲子阅读这个事始终坚持不下来。确实有不少这样的人，但如果家长这么一点困难都不愿意克服，困了就不读了，孩子怎么能学会坚持呢？

孩子愿意坐在我们怀里听我们读书的时间没有几年，这种美好时光如昙花绽放般转瞬即逝，我们应该珍惜。亲子阅读不仅是培养孩子阅读兴趣的好途径，还是一种美好的亲子陪伴，所以我希望你即便有各种各样的困难，也要尽力克服，每天陪孩子亲子阅读，这件事绝对比你陪孩子写作业、给孩子讲题重要得多。

我们可以再说得功利一些，阅读对孩子的学习如此重要，亲子阅读对培养孩子的阅读兴趣如此重要，如果你希望孩子以后学习好，那就从小陪孩子亲子阅读；如果你懒得陪孩子阅读，也没有问题，那就做好孩子不喜欢阅读的心理准备，也做好孩子以后在学习上表现一般的心理准备，不要在学习上为难孩子。

二、给孩子种一个他爱阅读的心锚

不论在什么场合、和谁，在聊到孩子阅读这个话题的时候，你一定要说我的孩子非常喜欢阅读；和孩子玩的时候，也要有意无意地告诉他，他是一个爱看书的孩子。无论什么时候、和谁，都不说"我的孩子不爱看书"这样的话。时间长了，孩子就会相信自己就是一个爱阅读的孩子。

举个我自己的例子，我每天晚上睡前都会陪多米亲子阅读，有时候他也会说："爸爸，我今天晚上不看书了。"这时我就会假装有点惊讶地说："啊？你这么喜欢看书，今天晚上居然不想看了？真奇怪。那好吧，那我就自己看吧。"然后我会自己找一本他平时爱看的绘本，或者其他的书，坐在他旁边自己读起来，一般情况下，不一会儿，他就会凑过来和我一起看的。

关于给孩子种心锚，我的一位学员做得特别好，她给孩子取了一个外号叫"小书虫"，每天都这么称呼孩子，孩子天天被家长这么"催眠"，真成了一个小书虫。

这是第二点，你要经常告诉自己、告诉孩子、告诉别人，你的孩子是一个爱阅读的孩子，给孩子种下一个他爱看书的心锚。

三、增加家里的藏书量，为孩子创造更多接近书的机会

《阅读的力量》这本书在讲到如何提升孩子阅读兴趣时说："最重要的一步，就是给孩子制造与书接触的机会，我们可以牵马去水边，但不能强迫马喝水，可是，马到了水边肯定是会喝水的。"

有研究证明，当孩子生活的环境中充满了图书，或者说当书很容易取得的时候，阅读就很容易发生。

给家里安置一个书架，多买一些给孩子看的、给自己看的书回来，让孩子生活在一个有书香味的家里。也没有必要收拾得相当整齐，可以把书放得到处都是，卧室客厅书房、床头柜茶几餐桌等，让书触手可及。

也可以经常带孩子去图书馆，去书店，陪孩子在那儿看书，感受那里人人都埋头阅读的氛围。

有一点一定要注意，家里不能只有孩子读的书，而没有大人读的书。我见过有些家长特别舍得给孩子买书，但对自己特别"抠"，家里孩子的书很多，但自己读的书一本都没有，这是不行的，因为我们还要给孩子做一个爱阅读的好榜样才对。

四、家长做好阅读榜样，给孩子阅读氛围

我之前的一位同事，他儿子读初中的时候，我这位同事的朋友送他一套《中国四大名著》，他觉得这书对孩子有好处，就要求孩子每天写完作业后读一段，可儿子就是不爱看，他怎么说都不管用。

后来他想了一个办法，不要求孩子看了，而是自己一有时间就抱着其中的《三国演义》读，读到精彩的地方，自己还笑几声，有时候读着读着，还发几句感慨。尤其在吃饭的时候，爱人喊好几次才去吃，还故意装出舍不得放下书的样子。

孩子慢慢就被他这种状态吸引了，跟着他一块读，也被里边的故事情节吸引住了，后来居然一口气把这四本书都读完了。

所以你看，和我们说的话比起来，我们的行动对孩子的影响力更大，要想培养孩子的阅读兴趣，我们家长自己得做好榜样。

哪怕你真的不喜欢读，即便装样子，你也要每天装着看一会儿。"童话大王"郑渊洁说："家长就是演员，就得在孩子面前做榜样，比如要孩子读书，不喜欢读书的家长也得在孩子面前装一装。"没办法，教育孩子并不是一件轻松的事，我们必须得为了孩子牺牲点什么，对吧？

一位学员给我反馈说：昨天孩子在玩玩具，喊了两遍"看绘本时间到"，孩子就是不动地方，后来我也不叫了，自己选了几本绘本，坐在沙发上自己看，也就一分钟的时间，孩子对我说："妈妈我玩完了，我也要看绘本。"这个方法我都用过好多次了，次次都管用。

所以根本不用要求孩子，我们自己读就可以了。如果你每天下班回家后就躺下来玩手机看电视，那就别要求孩子阅读了，不现实。

如果你对读一本厚厚的书实在没有兴趣，我建议你可以订阅杂志，月刊或者半月刊都可以，比如《读者》《萌芽》之类的，或者其他一些专业领域的杂志，都可以，只要是你们喜欢就可以。

我们家订阅的是《读者》，一年二十四本，每月两本寄到之后，我和媳妇都会抢着去读，非常喜欢。《读者》中的文章以情感真挚的故事为主，还有其他一些散文、诗歌、笑话、插图，文章长短适中，内容充实，一点儿都不枯燥，特别适合我们这样的普通人阅读。

如果你想给孩子做好阅读榜样而自己又不太喜欢阅读，那么订阅《读者》这样的杂志是非常好的选择。试想一下，每个月家里都会寄来两本杂志，回到家你都要读一会儿，这些孩子都会看在眼里，他就会被影响，也会拿起来读，再加上你们的亲子阅读，孩子的阅读兴趣不就这样慢慢起来了吗？

家里不可一日没有读书声，要么亲子阅读，要么家长自己读。比起把时间用在送孩子上辅导班、陪孩子写作业、给孩子讲题上，阅读对孩子的帮助更大。

另外，我建议你读印刷出来的纸制书，在家尽量少用手机看电子书，因为二者给孩子的感觉完全不一样。你看电子书，你孩子会认为你在玩手机，不但起不了好的榜样作用，而会起到坏榜样作用。

五、让孩子自由阅读

自由阅读，就是不给孩子规定、指定某些书籍，而是让孩子根据自己的兴趣爱好选择要看的书。

很多家长会让我推荐给孩子看的书，这时我都会说：孩子想看什么就看什么，孩子愿意看的，就是最好的、最适合他的书，这就是自由阅读。

有些家长可能会有些担心，如果让孩子自由阅读，他们会不会读一些对他们没有任何好处的甚至有危害的书？

我们要相信，孩子天生具有辨别好坏的能力，他们知道哪些是适合自己的、自己想要的。即便有一段时间孩子看的书在我们大人看来没有什么营养，甚至不是什么好书，但是时间长了，他也一定会回到正轨上来。而那个过程、那段路程，是孩子成长过程中必须自己经历自己体会的。

只要我们对孩子抱持这种坚定的信念，给孩子自由阅读的权利，那么你一定会看到一个爱上阅读的孩子。举个张泉灵老师的例子：

张泉灵读小学的时候，语文老师要求班上几个语文学习好的同学每两个星期读一本名著，这里面也包括张泉灵。

有一天，老师给了她一本《奥涅金》，这是俄罗斯作家普希金的一本诗体小说，张泉灵却对这本书毫无兴趣，拖了三个星期都没有看完。于是有一天她很惭愧地跟老师说："老师，我不喜欢这本书，所以我到现在还没有看完。"

她本以为老师会批评她，但并没有。老师把书收了回去，告诉她："没关系，你不喜欢就可以不看，你看书其实是为了找到你喜欢的书。"

这件事让张泉灵明白了，原来看书不是为了完成一个信念、完成一个任务，而是为了读自己喜欢的书，于是后来她就用了大量时间去图书馆，找自己到底喜欢看什么书，不再因为某本书名气大，或者完成某个任务去看书。

而且，这种自由阅读不但没有影响张泉灵的学习成绩，人家高考还考上了北京大学，毕业后成为中央电视台著名的节目主持人。

张泉灵的老师说的那句话非常重要，我们再重复一遍：你不喜欢就可以不看，你看书其实是为了找到你喜欢的书。

借张泉灵老师的这个例子，我们也可以回答一些家长的疑问：如果学校老师要求孩子读一些书，而孩子对要求的书又不感兴趣，这该怎么办？我的建议是，你可以把这句话告诉他，让他自己去选择：你不喜欢就可以不看，你看书其实是为了找到你喜欢的书。

学校和老师仅仅对孩子一段时间内的学习成绩负责，而我们家长则应该把眼光放得更长远，为孩子的一生着想。培养并保护好孩子的阅读兴趣，孩子一生都会受益。如果仅仅为了完成老师的要求而逼孩子读一些他毫无兴趣的书，则会破坏孩子对阅读的感觉，得不偿失。

当然我也赞同读经典书籍，经典书籍对孩子的滋养作用更大，所以我们可以给孩子推荐，我们也可以给孩子做榜样自己读这些书。至于孩子要不要读，还是交给孩子自己决定吧。有些好书孩子当时没兴趣不想看，可能只是时机没到，等时机到了，他自然会看的；还有些好书，可能并不适合咱的孩子，那就不看，我们也不必强求。

很多孩子喜欢读漫画书，一些家长觉得这种书没有营养，从而限制孩子读，这也是不合适的。我们不能以成年人功利的价值观来判断哪本书对孩子有没有营养，也不能要求孩子读我们认为对他有营养、有用的书，而是应该从孩子的角度去判断，凡是孩子有兴趣的书、他喜欢看的，都有营养，他读，一定是因为当下的他需要这本书。

就阅读来说，最重要的不是孩子读了什么内容、学了什么知识、认了几个生字，而是孩子阅读时体验到的那种美妙的、愉悦的感觉，只要这个感觉一直在，孩子的阅读兴趣就会越来越浓。

+ 总 结 +

培养孩子的阅读兴趣、让孩子爱上阅读其实并不难，它考验的不是我们的智力，而是我们的毅力；它不是你会不会的问题，而是你做不做的问题。我们讲了五种培养孩子阅读兴趣的方法，分别是：亲子阅读，给孩子种心锚，给孩子接近书的机会，家长做好阅读榜样，让孩子自由阅读。如果你用心做好这五个方面，那么孩子一定会爱上阅读。

回顾与思考

关于亲子阅读和给孩子树立一个阅读的好榜样,你以前做得怎么样?以后会怎么做?

第3节 避开阅读的坑

放下我们的功利心态，让孩子享受阅读时那种美好的感觉。

我见过不少家长，他们确实很重视孩子的阅读，想要培养起孩子的阅读兴趣，但总是好心办坏事、帮倒忙。这一节，我们就来讨论有哪些家长常见的但其实是错误的培养阅读兴趣的做法，这些是你应该避免的。

一、用奖励的方法来培养孩子的阅读兴趣

阅读带来的内心回报已经大到足以让孩子想要继续读下去，根本不需要外在奖励。不仅如此，奖励还会破坏孩子阅读时本身的满足感，我们在前面的亲子关系中就讲过，奖励这种方法本身就不可取，用在阅读上也一样。

有一个关于奖励阅读的实验。实验人员来到一所学校，召集了一些学生，把他们分成两组，让他们读一本书到指定的页数。

对于第一组学生，实验人员给他们承诺，当读到指定页数的时候会给他们奖励；对于第二组学生，实验人员并没有提奖励的事，只是告诉他们这本书很有意思，建议他们读到某一个页数。

最后的结果显示，这两组学生的表现有两个明显的不同，第一个不同是，没有奖励的那一组学生，他们读到的页码远远超过了实验人员建议的

页码，但是有奖励的那一组学生，他们基本上只读到指定的地方就不再往下读了。第二个不同是，当实验人员问他们对于书中内容的理解时发现，没有奖励的那一组学生，他们对书中讲述的内容理解更深刻，记得更清楚，但有奖励的那一组学生，他们读完之后基本上就忘记书里的内容了。

可见，奖励并不是培养孩子阅读兴趣的好办法，所以我们千万不要用。

二、直接要求孩子必须读某些书，或要求孩子每天必须阅读多长时间

很多家长会要求孩子必须读某一本书，有一期课程我在讲这一点的时候，一位学员给我说："昨天刚把孩子爱看的口袋神探、福尔摩斯藏起来，把我认为的名著摆出来让她看，还跟她说，看完了妈妈推荐的书才能看自己选的。"还有最常见的，语文老师、学校要求孩子读什么书，家长就会要求孩子必须读。

这些做法很可能会严重破坏孩子的阅读兴趣，语文老师要求孩子读什么书本身就是不恰当的做法，最好的做法是建议、推荐，阅读这种事，怎么能要求呢？

新东方创始人俞敏洪讲过他要求儿子读书的事。有一天儿子对他说，他们班所有同学都有了苹果牌平板电脑，所以让爸爸也给他买一个。俞敏洪说：你的同学都有，所以我也愿意给你买，但是有一个条件，你必须看完这二十本书才行。儿子看了看爸爸给他指的二十本书说：那我不要了。

所以你看，你一旦要求孩子去读书，他很可能就会走开。因为人都

不喜欢被别人控制，任何一件事情，如果强制要求他去做，效果一定不会太好，阅读也是一样。

这些年比较流行"打卡"，我看到很多家长会在朋友圈给孩子阅读打卡，拍一段孩子阅读的视频，配上一句话：今天是×××阅读打卡××天，坚持每天阅读，养成阅读习惯。我个人非常不建议打卡，阅读是给自己读的，不是为了参加什么活动、坚持多少天。

而且当孩子阅读的时候我们给人家录视频、拍照片，这种做法也是对孩子的一种打扰，会破坏孩子阅读时的感觉，我从来没有见过哪一个孩子的阅读兴趣是通过打卡培养起来的。所以不要给孩子打卡，自己悄悄读就可以了。

三、带有很强的功利心态来看待孩子阅读这件事，盼着阅读可以提高他的语文成绩

大量课外阅读确实能促进孩子的语文学习，但这仅是阅读强大功能的冰山一角。同时我们也应该明白，阅读功效的发挥是一个相对比较缓慢的过程，需要长时间的积累，太急于眼前的语文成绩提高，也许会令你失望。相比于提高语文成绩，孩子阅读时体会到的美好感觉其实才是更重要的。

还有些家长要求孩子读书时记录好词好句、写读后感；当孩子读完一篇文章、一本书后，有些家长会故意问书里的内容，以此来考查孩子有没有理解；如果孩子读得很快，有些家长担心孩子并没有记住书里的内容；有些家长会根据自己对书的理解，区分哪些书有营养孩子要多看，哪些书没营养孩子不应该看；等等，这都是家长功利心态的表现，我

们不应该有这样功利的想法，更不应该这么做。

对阅读的功利心态是很多家长的卡点，我们举两个例子：

案例一：

孩子的阅读兴趣其实是被我破坏的。记得孩子刚上一年级的时候，拼音还没有学完整，但我以为孩子上了半年学了，拼音应该很溜了。于是买了很多带拼音的课外书，有的是学校老师推荐的，每天让孩子读。

但每当孩子卡壳拼不上的时候，我就会气急败坏地吼他，认为都学过拼音了，还读不通顺，这不应该。于是，在多次吼骂后，孩子越来越不喜欢读书了，甚至我给他读，他都不爱听。

现在孩子十岁了，为了让他继续坚持阅读，我买了书架，把他喜欢的书都摆上去，但结果呢，这些只是摆设，除了积灰，别无用处。我试着买他喜欢的书看，可他的回答是只喜欢看游戏类的书，比如植物大战僵尸、奥特曼等，这些书在我看来完全没有营养，读了也是白读，纯属浪费时间。

所以现在的状态是我晚上睡前给他读老师指定的书，有时候他心情好了能听一会儿，心情不好的时候干脆倒头睡觉，对我毫不理会，我读得也很没劲。

案例二：

我有很强的功利心，我家小孩说话偏晚一点，我就着急他的表达力不行，别人给我支招说让孩子跟着我一起读绘本，我读一句，孩子复读一句，我就这样做了。

但读了两天我发现，孩子本来爱看绘本的兴致不高了，而且第一次跟读他就特别反感。我继续用强硬的口气让他跟着读，读错了我火气就很大，就说他"就这么短一句话，你好好听着妈妈怎么读的"，越说孩子越紧张，后来导致一到晚上读绘本的时间，他就说困了要睡觉。

我也知道他不喜欢这个方式，可那会儿心里想的就是：只能靠阅读提升你的表达力了，我不能由着你。虽然进行了两天我就停下这个模式了，但心里还是一直在想着，你多看书才能表达力好，心里是带着目的的。

培养孩子的阅读兴趣，我们要暂时放下功利心，让孩子充分感受到阅读时的美好，当我们不再急功近利，孩子也就更容易享受阅读带来的美好，阅读也就更容易进行下去了。

四、担心阅读影响孩子学习，从而刻意控制孩子课外阅读的时间

一位学员给我反馈说：我个人是比较爱阅读的，随着年龄增长也越喜欢，小时候也爱看各种书，尤其故事书、漫画书等课外书，但是我母亲就是为了不影响学习从而制止我看课外书，我那时候的心里是很不开心的。反观我表妹是我们家的学霸，从小也是爱看书，尤其爱看漫画，但是我姨没有很直接去制止她，她的学习也一直很好，大学都是保送美国做交换留学生，现在在上海做律师，所以我深有感触，学习不好绝对不是因为看课外书造成的。

在我国，一切事情都要为孩子的学习让路，大部分家长最看重的还是孩子的学习成绩，所以如果阅读占用了孩子学习、写作业的时间，很多家长就会像不允许孩子踢球一样不让孩子看课外书，这是非常可惜的。

我们在前面讲阅读的重要意义时，就讲了阅读会促进大脑和智力的开发，对各科学习都很有帮助。况且对于一些孩子来说，在高强度的学习之余，阅读是他们放松的一种方式。尹建莉老师在《好妈妈胜过好老师》一书中就讲到，她的女儿在高三这么紧张的时候还读了大量的课外书，而这并没有影响女儿高考取得好成绩。

所以，不管是从长期来看，还是从短期来看，阅读不但不会影响孩子的学习，反而会促进孩子的学习。你千万不要因为担心孩子看课外书影响学习、写不完作业，就不让他看，这种事情咱们千万别干。

五、强烈限制孩子看某些书

比如最近比较火的《斗罗大陆》《米小圈》，还有一些伙伴限制孩子看小说，我小的时候我爸妈就限制我看小说。

小说是伟大的文学形式，最著名的文学著作一般都是小说，孩子多看看是很好的。还有一些家长不让孩子看漫画，因为漫画字少，他们希望孩子看字多的书，这其实都是我们狭隘的认知。

阅读最重要的就是阅读时美好的感觉，只要这种感觉在，他就会读下去，而且，他不可能一直看漫画、看小说的，总有一天，他会拓展到其他领域。但前提是在拓展之前，他已经"饱饱地"看够了自己喜欢的书，已经足够满足，那么涉猎其他领域的书就会自然而然地发生。

相反，如果我们限制孩子，使孩子在自己感兴趣的领域一直不满足，那么他可能永远都会痴迷于那个领域。

所以我们不要限制孩子读什么书，而是要让他们自由阅读，我们最多是给孩子一些建议而已。

+ 总　结 +

　　培养孩子的阅读兴趣时，我们要避开这几点：用奖励的方式诱惑孩子阅读，直接要求孩子必须读某些书和每天必须阅读多长时间，在阅读上抱有很强的短期功利心态，因为担心影响学习而限制孩子课外阅读，强烈限制孩子看某些书。

　　有些家长想要培养孩子的阅读兴趣，但是自己不出力，而是给孩子报阅读课，这怎么可能呢？他们最多是教给孩子一些阅读的小技巧，怎么会让孩子体会到阅读的快乐呢？孩子怎么可能会爱上阅读呢？

　　培养孩子的阅读其实很简单，根本不需要花钱报班，而且那些机构的方法再专业，也不如家长陪孩子亲子阅读时温柔的声音有吸引力，不如家长低头阅读的榜样有说服力。在给孩子报班上吝啬一些，在为孩子付出时间上大方一些，应用培养孩子阅读的五种方法，避开误区，那么一定会养育出一个热爱阅读的孩子。

回顾与思考

　　以前在培养孩子阅读的路上，你犯过上面的错误吗？

05

夫妻关系

> 不要把所有精力都放在孩子身上，要分一些给爱人。

如果我问你，在你心里面，孩子重要还是爱人重要，你脑中先闪出的是孩子还是爱人呢？

亲子之间必将渐行渐远，孩子总有一天会离开我们独立生活，而我们生命中最重要的那个人，应该是爱人，是爱人陪我们走完这一生。如果你觉得孩子更重要，你的精力很可能会更多地，甚至全部投注到孩子身上，从而忽略了爱人，这可能导致你们的夫妻关系出现问题，从而影响孩子的成长。而我们把所有精力都放在孩子身上，也很可能让孩子"窒息"。

虽然本书讨论的是家庭教育，但说真的，爸爸妈妈的关系就相当于孩子成长的土壤。在一个家庭中，夫妻关系是一切其他关系的基础，所以我们首先应该把精力放在爱人身上，花点心思和精力经营夫妻关系。夫妻关系和谐了，家长不那么把所有的精力都押注在孩子身上了，就是给孩子提供了一个最有利的成长环境，在这种环境的滋养下，孩子自然会成长得很好。

如果夫妻关系有问题，十有八九孩子也会表现出一些问题。因为糟糕的夫妻关系会影响我们本身的状态，让我们无力接纳、欣赏、陪伴、相信、尊重孩子，容易向孩子发脾气，从而破坏亲子关系。下面是一位学员给我的反馈：

一直以来，我都特别害怕父母吵架。记得有一回，在我很小的时候，大概还没上小学，父母吵架相互不理，我走到爸爸那，爸爸叫我去妈妈那，我走到妈妈那，妈妈又叫我去爸爸那，我就在他们俩人中间走来走去，当时我害怕极了，简直就不知所措，觉得自己是一个没人要的孩子。现在，虽然几十年都过去了，但当时的场景在我的脑海里依然很清晰。

夫妻关系是家庭中的第一关系，要放在所有关系的最前面，也就是说，先经营好夫妻关系，然后再去建设亲子关系。

关于夫妻关系，我现在越来越感觉到，一半靠缘分，一半靠经营。缘分的事老天注定，如果遇到对的人，可能都不需要太用心经营就会非常融洽；如果遇到的人不合适，可能再怎么努力都是一地鸡毛。

缘分的事咱管不了，只能努力经营，我给你以下五个方面的建议。

一、忠于爱人，守住底线

我看到过很多"红杏出墙"的事，认识的不认识的都有，他们最初都是心存侥幸，最后都是悔不当初。没什么好解释的，虽然外面的诱惑很多，但是我们得守住底线，不能乱来。关于婚姻，这是我给你的第一条忠告。

而且出轨这种事，时间长了家人肯定会知道，到时候你一定后悔万分。孩子长大后会怎么看你？如果大家都知道了，孩子在同学面前会不会自卑？别的小朋友会不会因为这事嘲笑他？这会不会影响孩子今后对婚姻的信心？想一想这事对孩子的影响吧。

我的一位学员曾经给我发过一个视频，他们小区一个孩子跳楼自杀了，爸爸妈妈趴在孩子身边痛哭。孩子为什么自杀呢？因为家长出轨，孩子知道后承受不了，于是了结了自己。家长犯的错让孩子来承担，这真是太可惜了。

情感分析专家杨冰阳在《完美关系的秘密》一书中写道："一个人但凡愿意克制自己的本性，都可以获得丰厚的回报；一旦克制不住自己的本性，就必须为之买单；假如不仅克制不住本性，还肆无忌惮地释放自己的情绪，那就得付出高昂的代价。"

所以关于夫妻关系，我给你的第一个建议就是：守住底线，不要乱来。

二、不要改变爱人，而是内观自己

我参加一个线下学习课程时，一位妻子讲述了自己转变的故事：

她一家人都爱吃大盘鸡，所以经常在家做，有时候妻子做，有时候老公做。时间久了，她发现每次老公做都用时很长，起码要比自己多用半小时。

这位妻子觉得奇怪，于是老公再做的时候，她就在一旁观察。很快她就发现了问题所在：老公做大盘鸡的时候，都是先把所有食材一样样准备好，比如鸡肉、面、葱、姜、蒜等，然后才开始炖鸡肉，等鸡肉炖熟了，再煮面，然后再把面放在煮好的鸡肉里。但妻子自认为学过统筹学，会合理高效地利用时间，所以她先炖鸡肉，边炖鸡肉边准备其他食材，这样就节约了时间。

发现了原因之后，妻子就开始教老公如何节省时间，可是老公根本不听，还是按照自己的方法慢条斯理地做。每次看到丈夫一点改进都没有，妻子就特生气，为此两人争吵过好多次。这件事弄得妻子很痛苦，为什么自己明明对，丈夫就是不听呢？

有一次参加一个课程，在老师的点拨下，妻子幡然悔悟，开始内观自己，原来一直以来她都以自我为中心，想要改变老公的行为方式，没有站在老公的角度去体会。后来她主动和老公聊起此事，得知老公之所以每次都"浪费时间"等待炖肉，是为了给自己一些思考的时间，想一些其他的事情，因为老公是一个爱思考的人。

这位妻子在课上说："之前，我算对了一道数学题，却输了生活。"

你可以回忆一下有没有做过类似的事——觉得爱人做得不对、自己的对，所以总是想要纠正对方。其实生活中有很多我们觉得不舒服但是却无伤大雅的事情，比如老公怎么挤牙膏、怎么拖地、脱了的袜子放在哪里，等等，我们要学会放下，不必纠结于此，更不要试图去改变对方、纠正对方，甚至因为这些不重要的事而批评对方。

当我们想要改变对方时，无论出发点多么好，道理多么正确，其实都是在传递这样的信息：我不喜欢你现在的样子，你应该变成另外一个样子。要知道，即便是一个孩子都不乐意被别人控制和改变，更何况成年人。一旦对方发现你想要改变他，大概率你们会陷入争论。

心理学家海灵格说："幸福的家庭都有一个共同点，家里没有控制欲很强的人。"如果你脑中有改变对方的想法，甚至经常付之行动，在你们两人当中你就是那个控制欲更强的人，也是你们幸福家庭的破坏者。

我们和这个人朝夕相处，还要生活一辈子，他身上一定会有很多和我们不一样的地方让我们不舒服，我们要学着把那些不重要的事情看淡一些，没必要总想着改变他，而是像接纳孩子一样去接纳，就像哲学家黑格尔告诫年轻人说的："与所爱的人长期相处的秘诀是，放弃改变对方的念头。"

三、更多地相互了解

可能你觉得可笑，我都和他结婚了，一起生活了这么多年，怎么可能不了解他？还需要再了解吗？真不一定，你可能并不是非常了解爱人，他也可能并不那么了解你，不信的话，我问你三个问题。

爱人的梦想或者理想是什么？当下，最困扰他的事情是什么？在生活中，他最受不了的事是什么？还有，如果我用这三个问题来问你的爱人，你觉得爱人都能准确回答吗？

但其实这很重要，夫妻二人越是相互了解，就越容易做出让对方满意的事情、相互支持，避免对方不喜欢的事，这是有着"婚姻教皇"之称的美国婚姻研究专家约翰·戈特曼经过大量的研究得出的一个结论，也是他给人们的一个重要建议：一定要深入地相互了解。

你和爱人相互了解得怎么样？戈特曼教授在《幸福的婚姻》这本书中给出了一个简单的问卷，问卷有二十道判断题，需要你和爱人各自判断"是"与"否"。你们的答案中，"是"的数量越多，说明你们越彼此了解。下面是戈特曼教授给出的二十道题目，你可以与爱人简单测试着玩一下。

1. 能说出配偶挚友的名字。
2. 知道配偶目前面临的压力。
3. 能说出最近让配偶觉得恼火的人的名字。
4. 能说出配偶的某些人生梦想。
5. 非常了解配偶的宗教信仰和想法。
6. 能说出配偶基本的人生哲学。
7. 能列出一份配偶最不喜欢的亲戚的名单。
8. 知道配偶最喜欢的音乐。
9. 能说出配偶最喜欢的三部电影。
10. 配偶了解我目前的压力。
11. 知道配偶生命中三个最特别的时刻。
12. 能说出配偶小时候遇到的最紧张的事情。
13. 能列出配偶人生的主要志向与期望。
14. 知道配偶目前主要的烦恼。
15. 配偶知道我有哪些好朋友。
16. 如果配偶买彩票中了大奖,我知道对方想要做什么。
17. 能详细说出第一次遇到配偶时的印象。
18. 会定期询问配偶世界中正在发生的一些事。
19. 觉得配偶很了解自己。
20. 配偶了解我的期望与志向。

戈特曼教授将夫妻二人的相互了解比喻为"爱情地图",除了上面这份问卷,他还在书中介绍了一个好玩的"爱情地图游戏",帮助你和你的爱人了解彼此，如下：

请和配偶带着笑容和娱乐精神一起玩这个游戏，你们玩的次数越多，就越了解"爱情地图"这个概念，知道如何把它运用到你们的婚姻中去。

第一步：每人准备一张纸、一支笔，两人各自从数字1到60中随机选取二十个数字，并将这些数字竖着写在自己纸的左边。

第二步：下面有一个编好号码的问题清单，按照你写下的二十个数字，找到相应的问题。每个人都要问配偶这些问题。如果配偶回答正确（由你自己评判），则得相应问题后所标明的分数，而你得1分；如果回答错误，两人都不得分。轮到你回答问题的时候，规则一样。你们两人都回答完各自的二十个问题之后，比较你们的分数，得分高的那个人就是赢家。

1. 说出我的两位挚友的名字。　2
2. 我最喜欢的乐队、作曲家或乐器是什么？　2
3. 我们第一次见面时我穿什么样的衣服？　2
4. 说出我的一种爱好。　3
5. 我是在哪里出生的？　1
6. 我现在面临的压力是什么？　4
7. 详细描述我今天或者昨天做的事情。　4
8. 我的生日是哪天？　1
9. 我们的结婚周年纪念日是什么时候？　1
10. 我最喜欢的亲戚是谁？　2
11. 我最渴望但未曾实现的梦想是什么？　5
12. 我最喜欢什么花？　2
13. 让我感到最恐怖或最具灾难性的场景是什么？　3

14. 我最喜欢在什么时候做爱？　3

15. 哪些事情让我觉得自己很厉害？　4

16. 什么会让我性兴奋？　3

17. 我最喜欢吃什么？　2

18. 我最喜欢如何度过一个夜晚？　2

19. 我最喜欢的颜色是什么？　1

20. 我今生希望有哪些方面的自我提升？　4

21. 我最喜欢什么样的礼物？　2

22. 我童年经历过的最美好的事情是什么？　2

23. 我最喜欢的假期是哪一个？　2

24. 我最喜欢的安抚方式是什么？　4

25. 除你以外，最支持我的人是谁？　3

26. 我最喜欢的运动是什么？　2

27. 我最喜欢用什么方式来打发时间？　2

28. 我最喜欢的周末活动之一是什么？　2

29. 我最喜欢去什么地方度假？　3

30. 我最喜欢的电影是什么？　2

31. 我生活中发生的一些重要事件是什么？我如何看待这些事情？　4

32. 我最喜欢的锻炼方式有哪些？　2

33. 我儿时最好的朋友是谁？　3

34. 我最喜欢的一本杂志是哪本？　2

35. 说出一位我主要的竞争对手或"敌人"的名字。　3

36. 我认为我理想的工作是什么？　4

37. 我最恐惧的是什么？　4

38. 我最不喜欢的亲戚是谁？　3

39. 我最喜欢的节日是什么？　2

40. 我最有可能去读哪种书？　3

41. 我最喜欢的电视节目是什么？　2

42. 我最喜欢睡在床的哪边？　2

43. 我最难过的事情是什么？　4

44. 说出一位让我担忧或烦恼的人的名字。　4

45. 我最担心的健康问题是什么？　2

46. 什么时候最让我感到尴尬？　2

47. 我童年时最糟糕的经历是什么？　3

48. 说出我最羡慕的两个人的名字。　4

49. 说出我主要的对手或"敌人"。　3

50. 在我们都认识的人中，哪一个是我最不喜欢的？　3

51. 我最喜欢的甜点是什么？　2

52. 我的身份证号是什么？　2

53. 说出一本我最喜欢的小说的名字。　2

54. 我最喜欢的餐厅是哪个？　2

55. 说出我的两个志向、希望或期望。　4

56. 我有没有野心？是什么？　4

57. 我最讨厌吃什么？　2

58. 我最喜欢的动物是什么？　2

59. 我最喜欢的歌曲是什么？　2

60. 我最喜欢哪个运动员？　2

这个游戏，你们喜欢玩多少次就玩多少次，玩的次数越多，就越了解你自己和爱人,然后,你们的婚姻也会越融洽。

四、用对方喜欢的方式去爱

美国婚姻关系专家盖瑞·查普曼在《爱的五种语言》一书中,给我们讲述了夫妻之间相互表达爱意的五种方式,分别是:赞美爱人的语言,陪伴爱人的精美时刻,送给爱人礼物,为爱人服务、做一些对方希望我们做的事情,与爱人身体上的接触。

盖瑞·查普曼认为,虽然表达爱的方式有以上五种,但每个人最喜欢接受的方式往往只有一种,比如有些人感觉,爱人对自己说赞美的语言时是爱自己,而对于爱人为自己做的一些服务则没有强烈的感觉;而有些人则更在意爱人对自己的陪伴,哪怕日子过得苦一点也好过为了多挣些钱而分居两地。

有些人表达爱时以自己的感受为出发点,用"我觉得对你好"的方式来表达爱,比如一些妻子通过把家里打扫得一尘不染、把老公的衣服洗得干干净净来表达对老公的爱,但老公可能觉得即便家里乱一点儿、衣服脏一点儿也没关系,如果妻子能陪自己坐在沙发上看一会儿球,就会觉得很美好。

我们爱对方,应该以对方更喜欢的方式来表达,而不是用自己认为更好的方式。如果我们能意识到这一点,留意一下爱人的偏好,我们根据爱人的偏好调整一下自己的方式,夫妻关系一定会更好的。

盖瑞·查普曼在书中还给了我们一个特别简单的建议,如果你想要主动经营夫妻关系,有一个很简单的办法,就是每天下班回家后,问一问爱人:今天晚上我做点什么,能让你的心情更好一些?你不妨试一段时间。

五、避免因教育理念不合而争吵

很多夫妻之间的矛盾是因孩子而产生的,夫妻二人教育理念不一致,而且互不相让,发展到最后变成争吵。

曾经有一位妈妈找我寻求帮助,她一家生活在一个四五线城市,当时孩子两岁半,是一个活泼可爱的小姑娘。这位妈妈有一个朋友在当地开了一家"最强大脑"培训机构,针对零到十三岁孩子的大脑开发。因为她自己是通过学习走出农村的,所以非常重视孩子的教育,就想给孩子报这个课。但这个课的费用很贵,她需要取出住房公积金,再刷一些信用卡才能凑齐学费。即便这样,她还是非常想给孩子报名,钱都准备好了,就等转账了。那么事情卡在哪里了呢?卡在老公这儿了,她老公死活都不同意给孩子报,老公和她一起了解了这个课程后,觉得很不值得。俩人各执己见,已经僵持了两个多月,老公对她说,如果你敢给孩子报,我就和你没完。

这位妈妈也不知道该怎么办了,要不要向老公妥协呢?于是向我求助。

这就是夫妻二人因为教育理念不同而导致的矛盾,这种矛盾如何解决呢?很简单,优先维护夫妻关系。如果你说服不了对方,就听对方的,和对方保持一致,不要因为教育理念的不同而破坏了夫妻关系,夫妻关系高于一切教育理念。如果你们因为坚持己见而闹得不可开交,这对孩子的影响要远比不科学的教育理念更大。

有些家长不服气,为什么是我让步?难道他就不应该让步吗?这里有一个原则:谁先觉悟谁让步,既然你读了这本书、明白了婚姻关系对孩子成长的重要性,你就已经觉悟了,比对方更智慧,所以当矛盾无法调解时，只有你来让步。

其实，如果你的教育理念确实更科学、比对方高出一大截，那么，不需要刻意和爱人争论，你的观念也会一点点影响他，这就是润物无声的影响，比直接争论的影响更彻底，也让对方更信服。

当然你也可以和对方讨论，但一定不要在他教育孩子时你就直接现场讨论甚至反驳，而是要在事后开展，比如晚上睡觉躺在床上的时候，用你的柔声细语再和对方回顾一下那件事，说一说你的看法，因为这时你们都已没有了情绪，更能理性思考，所以对方也更能听进你的看法。

当然，也有很多"猪队友"就是冥顽不灵、顽固不化，自己不仅从不看书学习科学的教育理念，还看不起我们学习，认为我们多此一举、尽学些没用的，我们根本无法对其影响。这种情况我们该怎么办呢？

针对这种情况，我的一位学员说过一句特别高明的话：一个家庭里，有一位家长真正懂家庭教育就足够了。确实是，如果影响不了爱人，我们就做好自己应该做的，对孩子接纳、欣赏、相信、陪伴，不越界、不奖罚等，让孩子充分感受到我们对他的爱和包容，那么，即便孩子在"猪队友"那里受到了伤害、委屈，依然可以在我们的怀抱里得到疗愈，想到我们心里就会暖融融的，从而调整好状态，充满力量，孩子的伤痛也就被化解了。

经营夫妻关系其实是一门很大的学问，很多学者一生致力于此项研究，他们写了很多书，市场上也有很多这方面的课程。

我在夫妻关系方面的研究并不深入，这一章最主要的目的就是让你明白，夫妻关系优先于亲子关系，你不能把所有的精力都放在孩子身上，而是要在爱人身上分一部分。当你开始意识到这一点的时候，除了我上面给你的这五点建议，我想你也一定会找到自己婚姻的经营之道。

其实你都不需要在爱人身上花太多精力，只是从花在孩子身上的精力中分出来一点点给爱人就够了。比如你可能之前花很多精力辅导孩子写作业，这个真没有必要，你还不如去逗逗老公，或者让孩子自己在家写作业，你俩一起去楼下遛遛弯儿。

另外，可能有些家庭的婚姻已经遇到了比较严重的问题，对于这样的家庭，我建议当事人去找专业的婚姻咨询师寻求帮助，不要觉得不好意思或者没有必要，就像是生病了去医院看医生一样，这些专业人士会给你非常专业的帮助，让你渡过难关。

还有一些家庭父母已经离婚，爸爸或者妈妈自己独立抚养孩子，对于这样的家庭，我想说四点：

第一，单亲家庭并不是问题，单亲家庭照样可以养育出非常优秀的孩子，咱们自己心里不要有压力，要有信心。

第二，不要在孩子面前指责对方的不好、缺点，或者经常向孩子抱怨对方，孩子的身体里流着夫妻双方的血，你否定对方就是否定孩子。

第三，不要把自己所有的希望都寄托在孩子身上，比如说一些"妈妈这辈子就指望你了"之类的话，而是要努力过好自己的后半生，实现自己的人生价值，追求自己的幸福。

第四，尽量让孩子和另一方时常见面，或者一起生活一段时间，不要切断孩子和另一方的联系。

除此之外，我们就像是正常家庭一样就可以了，做好我们前面讲的那些关键词：接纳、欣赏、陪伴、相信、尊重、阅读。如此，孩子依然可以成长出健康而强大的人格。

+ 总 结 +

夫妻关系是家庭中的第一关系，父母关系和睦、生活愉悦，这本就是孩子顺利成长的良好环境，所以我们一定要花一些心思在爱人身上，用心经营我们的夫妻情感。

关于夫妻关系的经营，我给你五个方面的建议：第一，忠于爱人、守住底线；第二，从想要改变爱人到遇事内省；第三，了解爱人，并让爱人了解你；第四，要尽量用爱人喜欢的方式来表达爱，而不是自己喜欢的方式；第五，避免因教育理念不一致而争吵。当然，夫妻相处之道也是一门很深的学问，希望你能意识到经营夫妻关系的必要性，往后在这方面多投入一些精力。

回顾与思考

以后，你是否愿意花一些精力，来经营你们的夫妻关系呢？如果愿意，你将从哪方面做起？

06

做好榜样

酸甜苦辣，皆有营养；一言一行，都是教育。

孔子在两千多年前就告诫我们："其身正，不令而行；其身不正，虽令不从。"当父母自身行为端正、做出表率时，不必要求孩子，孩子也会跟着行动起来；相反，如果父母自身行为不当，而总对孩子做这样那样的要求时，那么，孩子打心眼里也不会服从。

自体心理学创始人科胡特也说：父母是什么样的人，比父母如何教育孩子更重要（Who they are is more important than what they do）。为了教育好自己的孩子，我们不能只是动动嘴对他们进行说教，那只是缘木求鱼，更重要的是我们要给孩子做一个好榜样，通过言行举止影响孩子。

与其每天花心思想办法要把孩子教育好，给孩子制订假期计划、报不同的兴趣班、讲不会做的题，倒不如把心思用在自己身上，让自己优秀起来，做给孩子看。

如果你把自己放弃了，懒散不作为，但又想要孩子自律上进，这可能并不太现实。我看到过一个孩子写的一篇日记，讲的是自己眼中的妈妈，特别有感触，内容如下：

2018.10.4

我现在真的觉得我妈是个没有用处的人。

她这些时间以来，天天拿着个手机，一天不是刷个抖音就是打个麻将。她从来不好好做饭，洗个衣服都要抱怨半天。一天天的，只知道在脸上抹上几米厚的化妆品，跟个鬼似的。她也不知道上班，每一天都在家里睡觉、吃饭、化妆、玩手机，我觉得手机比她的命都重要。她从来不管我，只有在我成绩发下来时说我几句。她天天说别人家的小孩有多好，却不说别人家的妈妈有多好。她有一次居然对我说，让我长大了给她在汉中买套几百万元的房子，一天给她多少多少钱，说什么这是报答她的养育之恩。养育，她居然好意思说养育，她除了把我生下来什么也没做，我的任何东西、任何费用、任何事情都是爸爸给我的。我每天看爸爸夜以继日地工作，她每天不分昼夜地玩手机，我恨不得把她连她的手机扔出我家的大门，她在我家没有一点儿用处。

她真是个无用的中年妇女。

孩子在日记中的一些用词、语气确实不当，对长辈也不够尊重，不过我们暂且抛开这一点，想一想，这位妈妈如果去管教自己的孩子，哪怕她说得都对，孩子会听她的吗？在孩子的眼里，妈妈还有管教自己的权威吗？

当然一般的家长肯定不会这么极端，我也相信买了这本书的朋友绝大多数都有自己的追求和工作，那我们就努力给孩子做个好榜样吧。

在很多家庭教育书里，或者其他老师讲的家庭教育课程里，也都会提到家长要给孩子树立一个好榜样，可基本上都是一笔带过，并没有将之上升到一个特别重要的高度。而我特意将父母的榜样作为单独一章来讨论，虽然所费笔墨不多，但其重要性已显现出来，希望能引起你的重视，重视自己的言行，给孩子做一个好的榜样。

王东华老师在他的著作《发现母亲》中写道："对于家庭教育，尤其是对于婴幼儿教育，教育更多的不是表现在父母如何'教'上，而是表现在父母如何'做'上，父母如何'做'的身影，对于思维能力薄弱的幼儿来说远比父母'教'的声音的影响要大得多。"其实何止婴幼儿，越大的孩子，越会留意观察自己的父母，并对父母的权威进行挑战。想要一个更好的孩子，我们得先成为一个配得上好孩子的好家长。

我们每天生活中的言行举止都是在教育孩子，一言一行都是教育，生活即教育。所以不要总想着教育孩子，而是先想着做好榜样。

如果你希望孩子有时间观念，那么请你自己先做到守时；

如果你希望孩子爱上阅读，那么请你平时也多看看书；

如果你希望孩子将来是一个豁达的人，那么请你平时不要斤斤计较；

如果你希望孩子努力上进，那么请你先做出上进的样子给孩子看；

如果你希望孩子对人有礼貌，那么请你待人友好；

如果你希望孩子做错事时主动道歉，那么当你做错事的时候先主动向孩子道歉；

如果你希望孩子别那么迷恋手机，那么请你回家后也把手机放下；

如果你希望孩子将来孝顺你，那么请你先孝顺你自己和爱人的父母；

如果你希望孩子不要脾气暴躁，那么先请你不要经常发火；

如果你希望孩子好好学习，那么请你每天也坚持学习；

如果你希望孩子爱护环境，那么就请你不要随手乱扔垃圾；

如果你希望孩子多运动，那么请你先运动起来；

如果你希望孩子做事利索不拖拉，那么请你先麻利起来；

如果你希望老大对老二喜爱有加，那么请你先给老大更多的包容和爱护；

如果你希望孩子善良，那么请你平日里善良对待所有人，不说恶语；

如果你希望孩子真诚，那么请你先以真诚待人，以真诚与孩子相处；

就是这么简单，你希望孩子怎么样，那么就请你先做给他看。

当然，我们不应该为了给孩子做一个好榜样而刻意做给孩子看，而是，我们首先是一个充满正能量的成年人，我们的真诚、得体、努力、孝顺、友爱等品质自然而然地被孩子看在眼里，起到了很好的榜样作用。我丈母娘的例子就特别好：

我丈母娘家在农村，和一位七十多岁的老太太互为邻居，老太太儿女不在身边，自己岁数又大了，所以那年（2022年）不打算种自家的田地了。

农村每家每户都有自己的耕地，种玉米小麦什么的。要知道，农村人是很看重田地的，舍不得田地被荒废，所以老太太就去找我丈母娘，想让我丈母娘种。但是我丈母娘也不想种，因为种地太累了，收益又没多少。但是老太太一次次找，一次次说这件事，最后我丈母娘觉得过意不去，就答应了下来。

这里的行情是，如果租别人的地种，租金为每亩三百块钱。我丈母娘种了老太太的地，觉得不应该白种，就去给老太太送钱，因为只有一亩地，就给人家送三百块钱。

老太太不要，每次去送钱老太太都不要，我丈母娘就一次次去送，就像是当初老太太一次次来找她一样，现在反过来了。后来老太太没办法，就收下了，我丈母娘这才心里踏实了。

我每次想起这件事都特别感动，一次次被感动。我丈母娘真的很善良，这种善良不是伪装出来的，而是刻在她的骨头里。每次过年我媳妇给她买衣服，她都会问我媳妇有没有给我妈买，还说可以不给自己妈买，但是不能不给婆婆买。我媳妇在这样的环境下成长，心地也很善良、总为别人着想，从不计较什么，我们家所有长辈、同辈以及小辈，没有一个人说我媳妇的不好。这不是因为我媳妇有多好，而是因为她有一个善良的妈妈。

所以，我们的出发点，还是要落在自己身上，先让自己变成一个善良的、上进的、豁达的、阳光的人，那么自然而然地，我们就给孩子起到了很好的榜样作用，孩子看着我们的背影、学着我们的样子，也就自然很优秀了。

最后，我想给你展示一些我的学员反馈给我的关于给孩子做榜样的案例，这些鲜活的案例都反映了我们平时是如何通过正面或者负面的榜样作用影响孩子的，相信这里面也有你的影子。

案例一：

在我们家，我和爸爸一直在工作上很努力，我们积极向上的氛围从孩子身上也能看到。今年春节我们一家人就展示了自己2021年获得的荣誉，爸爸是单位的先进个人，妈妈是优秀员工，孩子是三好学生。孩子特自豪，说我们一家人今年都得到了奖状和证书。其实这也是孩子努力的动力，做好自己该做的事情。

我觉得言传身教特别重要，因为结婚之前双方父母就阻拦，再加上结婚之后的各种矛盾，我之前对公公婆婆有很大意见，后来虽然慢慢都接受了，但是我没意识到我说话的语气带着情绪，甚至都成了习惯。再后来我发现孩子对爷爷奶奶说话语气特别不好，我当时一下子明白了是我的语气有问题，后来告诉孩子，那样说话对爷爷奶奶不尊重，我俩一起改，现在孩子好多了，说话重了他自己也会意识到做错了。

案例二：

在给孩子做榜样方面，以前的我很不称职，要求孩子做作业的时候，我会在那里看手机；要求孩子看书的时候我自己在看手机，在玩，以至于孩子在一篇作文里面把我的形象尽毁，把我揭露得体无完肤。那时我才知道我给孩子做了什么样的反面教材，让他学习不上心，习惯于说话不算话，耍赖，大吼大叫，好多都是我自己的真实反照。我没有给他做到好的示范，相反，把不好的一面都给他展现得淋漓尽致，他也学得有模有样。

案例三：

给孩子做榜样真的太重要了，孩子奶奶跟我们一起生活，帮着照看孩子，奶奶爱管闲事，有时候我和她说话时都会带着情绪，甚至有时候会跟孩子说她奶奶坏话。直到有一次，孩子被奶奶说烦了竟然跟奶奶吵架，那时我才发现，原来是我把我的孩子带偏了，这不就是活生生的我的翻版吗？那次我问了孩子，孩子说妈妈你不就这样跟奶奶说话吗？后来我就跟孩子约定好谁都不能跟奶奶吵架了，要尊敬她，就算说得不对，就当没听到好了。这一点一直到现在我们俩做得都很好。

案例四：

公公早些年中风导致行动不便，这些年他的手指甲和脚指甲都是先生为他剪的。有一天我们在聊关于孩子教育的问题，我清楚地记得先生说："我们不需要和孩子说什么要尊重长辈要孝敬长辈，只需要行动出来就好了，他看到我给爸剪指甲洗脚，他就会明白该如何对待长辈。"

案例五：

榜样，就是做好自己，孩子一直在模仿父母。我们夫妻在为人子女上尽全力做到了孝，至少在我们能力范围内做到了极致。尤其是我家先生，对他自己的父母就不用说了，极尽所能地照顾，对我的父母就像对待自己父母那样无微不至。现在我公婆不在了，弟弟离得远，我父亲生病行动不便，先生就担负起看病买药的责任，定期给我爸洗澡理发，做的比儿子都要多。我儿子是姥姥带大的，他上大学后每周末都会给姥姥打电话，奶奶在世时也会给奶奶打电话，奶奶生病时，他大一暑假还去医院伺候奶奶一个星期，那时奶奶已经卧床，儿子自己伺候，一点儿怨言都没有。

案例六：

孩子写作业时我们夫妻从来没有去娱乐甚至看电视，他学习时，我们也学习，要么就是备课，我们夫妻都是老师，时间上和孩子几乎能同步。儿子大学快毕业了，闺女尽管小，她也知道我和她爸每天都学习，她也说她每天都要学习。

还有就是诚信上，无论对谁，只要承诺了就要履行诺言，尤其是对孩子，我们夫妻二人从来没欺骗过孩子，哪怕是善意的。比如闺女去打防疫针，我会告诉她有一点疼，可以哭。提前这样跟她说了，她很小的时候尽管不会说话，但打针时没有哭闹过。后来懂事儿了，还会告诉她疼，可以哭，她说不怕，虽然疼，但可以忍住，从来没有过在排队等待的时候就哭得撕心裂肺的情况，她很放松。

案例七：

言传不如身教，真的是如此。我之前做得不够好，而且我已经意识到了，目前正在改。

我妈因为中耳炎严重影响听力，我以前和她讲话不太注意，有时手上有事就会隔老远喊，声音一大表情就会凶巴巴的，如果她还听不到，再多喊几遍，不好的情绪就带出来了。以前我从来没在意过，我妈也知道我不是对她有意见，只是着急做事，但是娃不知道。有一次，我妈去房间喊我们起床，就说了一句"早上好"，娃就冲她大叫"出去"，我当时都惊呆了！我说，你怎么可以这么和阿婆说话。他回我一句："你不就是这样的？"我才知道我犯了大错。

从那时起，我开始注意和阿婆沟通的方式，离她近一点再近一点，大声还是大声，但是一个字一个字地说，哪怕再着急，也不让自己不好的情绪和表情表现出来。孩子现在依然时不时地会对阿婆叫，一方面的确是因为阿婆听不到；另一方面是他不耐烦阿婆唠叨。不过在我的提醒下，他会收敛一些，会告诉我他为什么大叫。我知道要彻底改变真的不容易，我依然会继续努力坚持下去，自己造的孽自己收拾。

案例八：

关于做好榜样，我以前给孩子树立了消极的榜样，导致孩子脾气很暴躁。就拿开车来说，我在路上如果遇到不按套路出牌的车，一定以牙还牙；遇到违规的行人，一定开车窗骂过去！结果孩子在学校也是个暴脾气，如果有同学惹了他，就动手打过去，以至于因为动手打人赔过人家很多钱。

现在想想，孩子不是天生的暴脾气，都是父母影响的，我给孩子做了错误的示范，又怎么能要求孩子事事做到如人意呢？

好在孩子在爸爸的影响下，是个十足孝顺的孩子。有一次因为住院请假，老师把学校发给他的牛奶都攒了起来，等他复学时全部给他，晚上放学他都带回了家，然后我们帮他一起喝。喝完我随口说了句："你们发的牛奶里面，水蜜桃味的最好喝。"等到放寒假的时候，他从学校又带回来四盒牛奶，这次全是水蜜桃味的。我问他在学校怎么不喝，他说："你不是说水蜜桃味的最好喝吗？"那一刻，我这个老母亲的心都融化了，真的很感动。所以说，你希望孩子变成什么样子，你自己就应该是什么样子，即使是在孩子看不见的地方。

+ 总 结 +

父母是什么样的人，比父母用什么样的理念、方法教育孩子更重要。和孩子朝夕相处，我们的一言一行孩子都会看在眼里、有样学样，所以我们一定要给孩子做一个好榜样，我们希望孩子做到的，我们自己要先做到，用行动去影响孩子，而不是只用语言要求孩子。

回顾与思考

在以往的生活中,你觉得你在哪些方面给孩子起到了好榜样的作用,在哪些方面给孩子起到了不好的榜样作用?

07

情绪管理

一个人对世界最大的贡献，就是让自己幸福起来。

——爱默生

我国有一位心理学老师叫常军，常军老师讲课时讲过他经历的一件事：

一天夜里，常老师要从北京乘飞机去往广州，因为广州遇到了雷暴天气，所以常老师准备要乘坐的飞机不能正常起飞，他和很多旅客被滞留在候机大厅。

大厅里特别拥挤，很多乘客座位都没有，只能坐在地上疲倦地等待，而且还不知道要等多久。

本来因为飞机晚点的事又是半夜，大家都已经够烦的了，大厅里还有一位爸爸带着的两个孩子特别吵，相互之间抢东西，互不相让，大声叫唤，把所有等待的乘客弄得更加心烦意乱。

于是有一个东北大哥率先忍不住了，对这位爸爸说："你应该管管你的两个孩子，这么多人，这两个孩子太不像话了，太影响别人了。"

这位爸爸听后立刻站起来，很抱歉地对这位东北男人说："大哥对不起，我的孩子吵到你了。"然后又把这位大哥请到一边对他说，"上个星期一，我的两个孩子刚刚失去了他们的妈妈，这两个孩子现在正在争抢妈妈给他们留下的一个东西。"

常军老师在讲课时说："听到这话，我一下就感觉这两个孩子的吵闹不再让我心烦了。"

还有一位大姐，一开始对这两个孩子都是一脸的厌恶，听了这话之后，立刻把自己的包打开对孩子说："阿姨这有酸奶可好喝了，你们想不想喝？"大姐给孩子酸奶喝。

这些乘客几乎在一瞬间就从刚才对孩子的厌恶情绪转变为对孩子如此地接纳，环境还是那个环境，事还是那个事，孩子还是那两个孩子，他们还在吵，但是大家已经不觉得吵了。

为什么呀？因为他们对事情的看法变了。之前可能觉得孩子没教养、爸爸太放纵孩子，而现在呢，可能觉得孩子怪可怜的，让人心疼，自然也就没了情绪。

可见，不是事让你痛苦，也不是人让你痛苦，而是你对那件事情、那个人的看法让你痛苦。

用在和孩子的相处上，不是孩子不写作业让你生气，不是孩子玩手机让你生气，不是孩子和你顶嘴让你生气，而是你对这些事情的看法让你生气。

所以，当我们看到事情（比如孩子不写作业、已经玩了两个小时的手机还不放）心里痛苦、难受、有情绪的时候，我们不应该要求事情改变、让事情顺我们的心，因为别人的事我们往往改变不了，我们更应该通过提升我们自己的认知水平来改变我们对事情的看法，这样我们就不痛苦了，就没有那么大的情绪了。

情绪管理 ABC

这里我们就要讲到美国认知心理学家艾利斯提出的"情绪管理 ABC"理论，该理论指出：激发事件 A 只是引发情绪 C 的间接原因，而引起情绪 C 的真正原因是你对激发事件 A 的看法 B。

翻译成通俗的话就是：某一件事并不是让你产生情绪的真正原因，真正导致你产生情绪的是你对这件事的看法。这个观点非常重要，我们再来重复一次：某一件事并不是让你产生情绪的真正原因，真正导致你产生情绪的是你对这件事的看法。

举一个简单的例子，孩子考了 70 分，你很生气。你为什么会生气呢？是因为孩子考了 70 分这件事本身吗？并不是，真正让你生气的是你对孩子考 70 分这件事的看法，可能是你觉得他考了 70 分让你很没面子，或者你担心孩子一直考这么少将来没有出息，或者担心他现在基础这么差、以后想补都补不回来，等等。

得知孩子考了 70 分，你内心一定有看法，而这个看法才是让你生气的真正原因。如果你的看法变了，可能情绪反应会完全不一样，比如：孩子考了 70 分，起码说明他考试的时候记得在试卷上写姓名了，你要知道，每一场考试都有学生忘记在试卷上写自己的名字。这样一想，可能你还会抿嘴一笑。

这就是为什么两个孩子同样都考 70 分，或者两个孩子都考了 98 分，一个家长可能乐呵呵，而另一个家长却把孩子大骂一顿，就是因为他们对这件事的看法不同。

情绪是由对事情的看法导致的，明白了这一点，我们就可以提高情绪管理能力了。

首先，情绪管理并不是当你有情绪的时候想办法控制情绪、压抑情绪，如果压抑多了，总有一天你会爆发出来。

我建议你当时就自然发泄出来。但是等你生完气、心情完全平静下来之后做一个回顾和梳理：第一步：把那件让你生气的事件 A 客观想一想，厘清当时发生了什么事。第二步：把自己当时的情绪 C 也想一想，当时自己的情绪是什么，生气、失望、难过、委屈？还是别的什么。第三步：分析一下，自己对事件 A 的什么看法导致了情绪 C 的产生，这个"看法 B"是重点，一定要想清楚。第四步：想清楚看法 B 之后，反驳自己的看法 B，我的看法真的客观吗，这样的看法对吗？有没有更好的、更客观的对这件事的看法？

这就是"情绪管理 ABC"，能让你把这件事看得更透彻，下次再有类似的情况发生，你就会吸取上一次生气的经验教训，情绪就会比上一次好很多。应用情绪管理 ABC 梳理的次数越多，你也就越容易管理好自己的情绪，很多事情就会看得更豁达、更透彻、更全面，不再轻易产生那么多负面情绪了。

慢慢地，你对孩子责骂、吼、打的次数会越来越少，因为你自己没有情绪产生了，这就是最科学的情绪管理。

举个例子，下面是一位学员在学了情绪管理 ABC 之后，对自己一次发脾气的事做的梳理：

事件 A：孩子晚自习结束到家后要求听半个小时音乐再写作业。

情绪 C：当时有点烦躁和担心。

看法B：这孩子怎么没有一点自觉性呢？这么晚到家了就应该把剩余的作业赶紧做完，这样可以早点休息，休息好了第二天才有充沛的精力。

反驳看法B：其实孩子只是想再放松一下自己，学习了一整天，肯定非常累，听听音乐可以缓解一下疲劳和学习压力。孩子提出想听音乐，肯定是余下的作业量不多或是在学校都已经完成了。听完音乐后，大脑放松了很多，若是还有作业，完成的效率肯定会更高。缓解一天的学习压力后，到睡觉的时候也容易入睡，睡眠质量反而更好，无须担心睡眠时间不足的问题。听音乐的时候还可以吃点夜宵，补充一下营养。这样看来，听半个小时音乐的好处多多，我的担心都是多余的。

这本书的内容最开始是一套课程，很多学员学到这一节的时候都说，自从学习以来自己的情绪好了很多，基本上不冲孩子发脾气了。为什么呢？因为对孩子做的事情的看法变了，比如以前觉得学习太重要了，每天和孩子在学习上死磕，现在明白了"决定孩子一生的不是学习成绩，而是健康的人格""取得成就只不过是人格健康的附属品而已"，于是对学习看得没有以前那么重要，所以有时候孩子作业写得不好，他们也没那么生气了，看法变了嘛。

以前可能看到孩子晚上9点才开始写作业，你会觉得孩子太拖拉，时间观念太差，于是生气。现在你可能会想：9点了孩子还坚持写作业，宁可晚睡一会儿也要把作业完成，这说明他懂得为自己的事情负责，很有责任心。所以没有以前那么生气了，只是因为看法变了。

用情绪管理ABC的方法来做情绪管理，用一个词来总结，这就是"转念"，从另一个角度看事情，事情将会完全不一样，你的情绪也可能会完全不一样。

"转念"这个词，和"接纳""欣赏""相信""阅读"等一样也是一个关键词，建议你多使用，每次对爱人、对孩子发完脾气之后的第二天或者第三天，通过情绪管理 ABC 来做一个转念。

举一个我自己的例子：

上幼儿园之前，多米一直睡觉很晚，往往我和他妈妈都困得不行了，他还一点睡意都没有，在床上玩。有一次多米睡中间，我背对着他，他就一直用手抓我的背玩，弄得我非常烦躁。我的情绪来了：我很烦躁。

当我察觉到自己的情绪之后，我立马开始反思：对于多米抓我的背玩这件事，我的看法 B 是什么？1. 孩子睡觉太闹腾了，烦人；2. 搞的我没法睡觉，第二天可能起床的时候很困。

然后我想，我的这个看法 B 对吗？全面吗？我该怎么反驳这个看法 B 呢？

我想到，多米可能也就这个年龄段会不睡觉抓我的背玩，等长大了，他不但不会抓我的背，都不会和我们一起睡觉了，我应该享受当下这个感觉。当我脑子里这么想的时候，真的一点烦躁情绪都没有了，非常享受儿子小手在我背上乱抓的感觉。

同样一件事，当看法不一样的时候，情绪会完全不一样。一次次转变自己对事件的看法，就是情绪管理。你可以准备一个"情绪管理本"专门做这件事，这样刻意练习一段时间，你一定就很少和孩子、爱人生气了。

最后，我给你展示一些学员做的情绪管理 ABC 梳理，相信他们的梳理过程也会给你一些启发。

案例一：

事件 A：昨天孩子练钢琴，有个跳音没弹好，我提醒了他一下，他开始不承认，我就想找视频给他看，结果他开始发飙，说我不信任他，说我老是把他跟视频比较，后来孩子还哭闹。

情绪 C：我当时很生气，还吼了他。

看法 B：1. 孩子犯错不承认，提醒了跳音没弹好还犟嘴；2. 我担心我不及时纠错，他会越错越多；3. 孩子不理解我，我找一个视频给他看，结果他说我是不信任他；4. 孩子太不尊重我了，我那么耐心给他解释，结果他不但听不进去，还那么不依不饶。

反驳看法 B：1. 孩子不是不承认错误，可能他自己没发现，或者我给他提醒的时候语言不够友善触犯了他，也可能是我一坐在那儿听他练琴就让孩子心里很不爽了；2. 即便我不提醒不纠正，其实孩子自己也是想要弹好的，只要他有弹琴的兴趣，迟早会发现这个跳音并改正的，其实我可以不指出来的；3. 不是孩子不理解我，而是我没有先理解孩子，我那种找一个视频给他看的做法，真的冒犯了他；4. 孩子并不是不尊重我，其实平时他挺尊重我的，只不过当时他的情绪上来了，谁的情绪上来了都会难以控制的，当时我不应该一直给他解释，和他继续说这件事，而是应该先接纳孩子的情绪，让他发泄一下；5. 练琴也没有那么重要嘛，如果他不想练，或者弹得不好，又有多大的影响呢？我没有必要让他一个音都不错啊。

案例二：

事件 A：因为疫情防控需要，孩子这周开始在家上网课。老师要求

8：20-8：40在家早读指定篇目，熟练后发语音到班级群里。到了8：15我告诉孩子早读时间马上到了，现在来读书，等会发语音。叫了三次，孩子还是没有到书房来。

情绪C：我当时开始烦躁，音量越来越大，开始吼叫。

看法B：孩子真让人操心，没有时间观念，如果作业提交晚了又要挨老师批评。

反驳看法B：早上我叫了他三次，他不出来，并不一定是想迟到，他一定是觉得我很唠叨，很烦，故意不按我说的做。另外，其实提交语音作业是孩子的事，不是我的事，如果他不急，最后迟交挨了批评，也是他的一次体验，让他清楚在家上网课和在学校上课没有区别。我应该认清作为家长其实只是陪伴和辅助孩子在家学习，学习是孩子的事，心平气和地提醒一次就可以了。我要相信孩子，其实孩子以前在学校也都能准时上课，是我多虑了。这次要不是疫情我也没有机会陪孩子体验他每天的学习流程，看到他的学习状态，我应该珍惜这次机会，为孩子创造轻松的学习环境。我相信接下来的几天里他一定能顺利完成学习任务，我们也一定能相处得很愉快！

案例三：

事件A：我准备给老大买一条裙子和一双鞋作为"六一"礼物，事先看好了款式，晚上回来征求她的意见。然后她就拿着手机一直刷，喜欢的太多了，最后选了一条我看来很浮夸很烦冗的裙子，和一双看上去很硬且带点跟的鞋子，今天又跟我说要换款式。

情绪C：有点烦躁，不耐烦。

看法B：就是让你确认下款式和颜色，你就拿着手机不放，一会儿这个一会儿那个的，今天这样明天又那样的，还不如不征求你的意见。

反驳看法B：孩子拿着手机不放，可能是我平常不给她看手机，逮着个机会就舍不得放，更何况还是挑选自己喜欢的裙子和鞋子。至于挑选的款式和材质问题，是她暂时没什么经验，我应该多给她提供体验的机会，可以先把她自己挑选的买回来，让她自己感受，她可能就明白了。

案例四：

事件A：孩子写作业有一些不会的或者答不到位的，姥姥想让他查资料或者问我补充完整，我的态度是要么赶紧做，要么就睡觉，因为当时已经9点多了，孩子自然选择睡觉。姥姥觉得不行，于是拿着题一道一道地要给他讲。当时我去洗漱了，一会儿就听"嗷"的一声，俩人都生气了。孩子跑到我的床上不吱声，姥姥气得盖上被子睡觉。

情绪C：很生气，心烦。

看法B：1.孩子对学习态度不认真，不会的题不去弄明白，完成作业态度有问题；2.对长辈不够尊重。

反驳看法B：1.他并不是学习态度不认真，也不是完成作业态度有问题，如果不认真，可能他连作业都懒得写了，他这样只是因为姥姥插手了他自己的事情，从而让他有了情绪而已，而一个人在有情绪的状态下，怎么可能静得下心来呢？2.他也并不是对长辈不够尊重，如果我们真的不尊重一个人，我们可能会当面骂那个人，而他只是坚持了他自己的想法、没有听姥姥的建议而已，不听别人的建议，这个不叫不尊重。而且孩子只是跑到了我的床上不吱声，并没有和姥姥争吵，这恰恰说明孩子是尊重姥姥的，所以选择了自己来消化自己的情绪。

+ 总 结 +

　　我们因为孩子的行为而产生了情绪，其实并不是孩子的行为直接让我们产生了情绪，而是我们的看法导致了情绪的产生，所以情绪管理的关键是提升认知，转变我们对某件事的看法。

　　可以用艾利斯的情绪管理 ABC 理论帮助自己转变对事件的看法，当事情发生过后一段时间、情绪已经平静了下来、可以理性分析的时候，回顾一下：当时发生了什么事？当时的情绪是什么样的？什么看法导致了那种情绪的产生？那个看法客观吗？还有没有更客观的看法？

　　这样分析透彻之后，下一次再遇到类似的情况发生，我们就会吸取经验，情绪波动就会小一点，这样梳理的次数越多，我们对事情的看法就越客观，产生负面情绪就会越少，这就是最科学的情绪管理。

回顾与思考

　　应用情绪管理 ABC 理论，梳理一件曾经让你发脾气的事。

_____

_____

_____

_____

08 专题分析

专题一：学习

专题二：玩手机

专题三：性教育

专题四：财商教育

专题五：叛逆

专题六：隔代养育

专题七：二胎及多胎养育

专题八：习惯

专题九：家校共育

个体心理学创始人阿尔弗雷德·阿德勒说：不应该把儿童特定的行为当成独立的音符来解析，而是将它视为整个乐章的组成部分，即整体人格的组成部分。所以关于孩子的各种行为表现，比如写作业是否积极、玩手机是否有节制、花钱是否大手大脚、买玩具是否贪得无厌，等等，我们都不应该只进行单独的分析和解决，比如只通过一个"如何让孩子爱上学习"这样的课程来解决孩子学习不积极的问题，这不现实。

就像爱因斯坦所说：问题不能在发生的同一层面得到解决。想要解决孩子的各种问题、行为偏差，我们一定要站到更高的层面，从整体的人格层面进行考虑，因为孩子的行为只不过是人格的外在表现而已。

所以，如果你在看目录时发现本章的内容是你最关心的，于是就跳过前面的篇章直接阅读本章的内容，我建议你先回到第一章，从头读起，因为如果你没有读前面的内容，没有明白人格是怎么回事、如何形成，很可能也不会接受本章的观点。

专题一：学习

孩子天生拥有学习的能力和兴趣。

一个孩子学习的状态积极还是消极、学习效果良好还是一般甚至糟糕，并不仅仅和学习态度、学习习惯、学习能力有关，而是他整体人格在学习上的呈现，受很多看似和学习不相关的事情的影响。

如若家长和孩子的日常生活相处愉快、关系和睦，孩子的人格健康而强大，那么，他自己一定能轻松搞定学习的事情，因为对于孩子来说，学习并不是一件难事。

值得注意的是，家长对于孩子学习的认知和处理方式，会直接影响家长和孩子的关系，而亲子关系又会影响孩子的人格，进而影响孩子在学习上的表现，所以我们还是要从我们对学习的认知说起，这才是关键。

孩子天生就有学习的兴趣和能力

我们人类天生就有超强的学习能力和浓烈的学习兴趣，这是几百万年来人类进化的结果，善于学习是人类最重要的特点之一。所以关于孩子的学习，很简单，家长根本不需要使劲做些什么，不多干涉、不搞破坏，让孩子天生的学习能力和兴趣表现出来、释放出来，培养好孩子的阅读兴趣，孩子在学习上就可以表现得很好。

市面上有很多"如何培养孩子学习的内驱力"类型的课程，很多家长也想要培养孩子的内驱力，其实内驱力根本不需要培养，孩子天生就有。类似的还有学习力、专注力等各种能力，都不需要刻意去培养，孩子生来具足。

当然可能有些孩子在学习上表现得"晚熟"一些，比如小学低年级时成绩并不突出，甚至很糟糕。没关系，只要孩子的学习兴趣没有被破坏，又广泛阅读，那么孩子在学习上的爆发力迟早会表现出来，越到高年级，孩子在学习上越如鱼得水，成为后起之秀，作为家长的我们要沉得住气，对孩子有耐心有信心。

最怕什么呢？最怕家长害怕孩子在小学打基础的时候被落下，于是早早逼孩子使劲学，或者担心孩子没有养成好的学习习惯、没有好的学习态度，所以天天干涉孩子学习的事，这样真的会破坏孩子的学习兴趣，导致孩子厌学。很多成长在这种家庭中的孩子有学习的能力，但就是拒绝学习，"非不能也，不为也"。孩子为什么拒绝学习？绝大部分是由于家长干涉过多、给的压力过大造成的。

只要孩子的学习兴趣没有被破坏，任何时候学习都不晚，孔子都说，"吾十有五而志于学"。孔子他老人家十五岁才开始立志学习，晚了吗？《三字经》里说："苏老泉，二十七，始发愤，读书籍。"苏老泉二十七岁才开始发愤，人家照样是"唐宋八大家"之一。

很多家长担心孩子小学基础没有打牢固，以后再也追不上去，其实只要孩子努力，即便基础差一些，只要他想追赶都可以赶上来，你可以看看高晓松的母亲张克群的事迹。

张克群毕业于清华大学建筑系，师从梁思成先生，是我国一级注册建筑师，著有《红墙黄瓦》《晨钟暮鼓》《八面来风》等多部建筑类书籍，父亲张维曾任清华大学副校长。

一次被采访时张克群说："小的时候，我爸从来不督促我的功课，爱学不学（我爸都不管我），所以我小学初中尽玩了，尽爬树了，都没考上高中，可能他心里也有点遗憾，书香门第的女儿竟然没考上高中，但是他绝对没跟我说。后来我就很惭愧，所以我就特别用功学了一年，第二年考上了一零一中学，那时候是北京很好的学校。"

这样的逆袭案例其实很多，我相信你身边也有。网络名师李永乐也在"知乎"上说过他堂弟的学习经历：

因为学习太差，李永乐的堂弟只上了当地一个三流高中，上高中时"写的字是外星文，英语基本是小学生水平，生物啥也不会"，因为十七岁以前的精力都用在打游戏、喝酒上了。

2005年高二假期，他又和同学去喝酒，酒桌上突然问同学："咱们从现在开始努力，有没有可能考上一所重点大学？"同学说："有可能吧，但是我不想努力了。"

他在心里默默说了一句："对不住了哥们儿，我要开始了。"从那以后，拼了命开始学习，2006年高考分出来了，他考了630分，全校第一，被录取到吉林大学物理系。当然这一年他真的拼了命在学习，有兴趣的读者朋友可以从"知乎"上找一找李永乐写的这一篇文章。

当然我并不建议等到最后一年搞突袭，这也并非明智之举，举这样的例子只是想告诉大家，不必太担心孩子的基础差，孩子对学习的感觉才是最重要的，只要他想学，任何时候都不晚，任何时候都能赶上来。

但如果家长用力过猛，早早地破坏了孩子对学习的感觉，导致孩子厌学了，那就真不好说了。只要孩子的人格健康，又有阅读兴趣，孩子总有一天会努力好学并迎头赶上的。

学习是孩子自己的事，家长尽量不干涉

什么是干涉？给孩子一遍遍讲学习的重要性，一遍遍告诉孩子一定要好好学习，要求孩子放学回家先写作业，写不完作业不能睡觉，陪着孩子写作业，给孩子检查作业，给孩子讲错题，给孩子留额外作业，自己做主给孩子报辅导班，假期给孩子做学习计划，等等，这都是对孩子学习的干涉。

我们不干涉，是因为我们坚信：孩子天生就有学习的能力和兴趣，他们自己就知道努力学习，他们可以很轻松就搞定学习这件事。

每个学生，都想要努力学习并取得好成绩，自己光荣，爸妈也高兴，人的天性是追求卓越，不是甘于落后。但是很多成年人不明白这个道理，觉得如果自己不管着点、不说几句，孩子就不知道好好学，不管孩子的学习就是对孩子不负责任，所以为了孩子的将来，即便是让孩子现在讨厌我、恨我，我也得接着说、接着管。这都是对人性的不了解和不信任。

有些家长还会用看似更高明的手段，比如给孩子写信。有一位家长这么给孩子写：

孩子，妈妈为什么逼你读书？妈妈是想你将来买东西的时候不看价

格，在累的时候可以随意打车回家，想旅游的时候想去哪都可以，更是为了你能选择自己喜欢的职业，而不是被迫谋生。希望你能看懂妈妈写的这段话，珍惜现在可以学习的时光，为自己的明天加油！

爱你的妈妈　2022.6.4

这话表面上看很有道理，妈妈情真意切地劝学，也很能引起家长共鸣，让人感动。

但如果我们从孩子的角度细细品读，这段话的字里行间却散发着这样的味道：孩子你不懂事，如果妈妈不告诉你这些，你自己就不懂得好好学习、不懂得珍惜现在的时光，以后你一定会生活得很艰难，正因为你不懂，你自己不知道学习，所以妈妈得告诉你这个道理、逼你读书。

你可以体会一下，是不是有这个味道？这样的家长，从来就没有相信过孩子，不相信自己的孩子是积极向上的、不相信孩子自己懂得学习。

为什么这样的话无效，孩子听了这样的话、看了这样的信，反而更没有动力了？因为他被打击了、被否定了，因为妈妈不相信他。妈妈还披着"爱孩子"的外衣来打击、否定，孩子心里不痛快、很难受，但不知道如何反驳，就像是哑巴吃黄连——有苦说不出。所以这样的话我们慎说，这样的道理我们不讲。

退一步讲，即便有时候孩子在学习上表现得不太如意，我们也应该对孩子接纳和理解，告诉孩子没关系，这很正常，老虎还有打盹的时候呢，妈妈相信你下次一定可以赶上去的，即便下一次没赶上来也无妨，路长着呢，咱有的是时间。这就是对孩子的理解和支持，有这样的父母，孩子的学习才更有动力。

还有些家长会充当"家庭教师"的角色，主动承担起给孩子讲题的任务，有一位学员给我说：是不是我讲的方式他听不懂，或者我说话太快了他跟不上，又不敢和我说，就假装听懂了？明天我再细心给他讲一遍。

给孩子讲题同样没有必要，家长就是家长，不是孩子的老师，家长就当好家长的角色，关注和孩子的关系、孩子的人格，学习的事，放心地交给孩子和老师，相信他，他一定可以的，即便有一些题孩子暂时不会做，我们也不主动给孩子讲，我们的任务是，让孩子有健康强大的人格，这才是家长的事。与其给孩子讲题，还不如和孩子玩两盘游戏，给孩子读一会儿书。

而且多数时候我们也并不能给孩子讲明白，因为我们不是职业老师，在讲题方面不专业。要知道，不是你会做一道题就能讲明白，会做和讲清楚完全是两回事。当你讲三遍孩子都没明白时，你肯定发火，所以就鸡飞狗跳，与其这样，还不如不讲。

除了讲题，有些家长还会给孩子讲学习方法让孩子用，比如要求孩子弄一个错题本，或者孩子在背课文、背单词的时候，教他应该怎么背。这些其实都是对孩子学习的干扰，我们最多建议一两次，至于孩子听不听、用不用我们建议的方法，还是让孩子自己决定，我们不应该让孩子必须按我们说的来，因为我们的方法不一定适用于人家。

还有家长给孩子布置额外作业，这个不但没有必要，而且更不应该。孩子需要玩的时间、需要阅读的时间、需要发呆的时间，不要让学习、写作业把孩子的时间都浪费了。孩子的学习成绩和学习时间并没有很大的相关性，学习更重要的是学习效率，家长给孩子额外布置的作业会严重破坏孩子对学习的感觉，毁掉孩子的学习兴趣。

总之就是，不要把你的力气、精力放在孩子的学习上，而是放在亲子关系上，放在咱们之前讲的那些关键词上，把亲子关系维系好，把夫妻关系经营好，如果还有时间那就去阅读，学习的事本来就是孩子自己的事，我们要还给孩子。

替孩子扛下来自学校和老师的压力

老师都很用心、负责，希望学生学有所成、考出好成绩，尤其现在提倡家校共育，所以有时候老师会给家长传递压力，比如和家长说孩子上课不注意听讲、学习态度不端正，有些老师可能还会在家长群里点名，甚至给家长发孩子在学校表现不好的图片、视频。

这个时候，你最好不要因为老师给了你压力，你就立马把孩子一顿批评，那只会让孩子的表现更糟糕，我们应该在谢谢老师好意的同时，替孩子扛下这份压力，不传递给孩子。不因为此事问责、打骂孩子，就是不给孩子传递压力。

我们是孩子的家长，我们要时刻把亲子关系记在心间，不要因为学校的事情、老师给你说了些什么，扭头就批评责骂孩子，从而破坏了你们的亲子关系。学习重要吗？重要，但是也没有亲子关系重要。

我一直觉得，家不是学习的地方，学校才是（当然这个学习指狭义的学习），不要把你们家搞成孩子的小学校，家应该是游戏、欢乐、阅读、放松的场所。家长也不是老师在家里的代言人，孩子喊我们一声爸妈，我们总要为人家扛下一些压力，如果老师一给咱压力，咱就传递给孩子，那咱还是孩子的爸妈吗？和工作上的压力一样，我们自己的压力我们自己想办法消化，不应该传递给孩子。

当然，这并不是说老师对我们讲的事我们就置之不理不闻不问，我们可以问一问孩子发生了什么事，倾听一下孩子怎么说，老师有没有遗漏一些什么信息，然后问问孩子他打算如何处理、需要我们提供什么帮助，这就足够了。

在学习上不表现出高期待

这个高期待不仅是对学习成绩的高期待，同样也包括对学习态度、学习习惯的高期待。

很多家长给我说过类似这样的话：我不要求孩子考多少分，但是他的学习态度必须好，要养成好的学习习惯。这其实也是对孩子的高要求，你这么要求也是对孩子的不信任，你不相信孩子可以做好，又知道不应该直接向孩子要分数，所以就对他提出态度和习惯方面的要求。

我想专门说一下"学习习惯"，这是很多家长的卡点。很多家长会执念于让孩子养成良好的学习习惯而和孩子"战斗"，比如让孩子养成课前预习、课后复习、记录错题、检查作业的习惯等。

我现在的理解是：根本就没有"学习习惯"这么回事。比如课前预习，你觉得这是个习惯吗？根本不是，如果孩子觉得课前预习重要，他就会预习；如果他觉得不重要，他就不会预习，根本就不是习惯的问题。再比如检查、复习，这些也一样，孩子觉得检查、复习很重要，他自然会去做；如果他认为检查、复习不重要，他肯定不会去做，这不是习惯不习惯的问题，而是想不想的问题。

只要孩子想学好，他就一定会想办法学好；如果孩子不想学，甚至厌学了，那么以前你给他培养了什么好习惯都白费。

保护好孩子的学习兴趣，孩子一定能找到适合自己的高效学习方法，如果你执念于让孩子养成好的学习习惯，孩子的学习兴趣肯定会被破坏，很可能变得厌学，或者根本不知道自己为了什么而学习。

如果你总是为了让孩子有好的习惯而给孩子严格要求、各种"瞎指挥"，很可能你们的亲子关系会受到影响，就像很多家庭的情况：不谈学习母慈子孝，一谈学习鸡飞狗跳。亲子关系如果受到了影响，孩子的人格是会被影响的，这就本末倒置了，事情就严重了。

从孩子的作业中撤出来

作业本来就是孩子自己的事，你越早撤出来，孩子就越早学会自律。有些家长甚至还要求孩子写不完作业不能睡觉，这就更不对了。我们可以和孩子商量一个最晚睡觉时间，时间一到，必须放下作业睡觉，因为睡觉更重要。可以第二天早一点叫醒他写，也可以干脆不写让孩子去面对老师，总之就是你不要再费劲操心孩子的作业了，要从中撤出来。

你可以这样和孩子说：孩子，以前妈妈总是插手、干涉你的作业，这是妈妈的不对，妈妈过多干涉了你自己的事，妈妈给你道歉，对不起。现在我想明白了，作业是你的事，而且我相信你自己一定可以处理好的，所以，以后关于你的作业，妈妈不再插手干涉了，连过问都不过问，什么时候写作业、写不写作业，你自己决定就行。

这样跟孩子说，从孩子的作业中撤出来，让孩子自己为自己负责。

可能当你刚一撤出来的时候孩子表现并不好，比如真的不写了或者忘了写了，这都很正常，孩子也需要一个适应的时间，我们要有耐心，要对孩子有信心，你不能期望自己一撤出来孩子立马就表现得很好。

我们要把这件事想明白：学习真的是孩子自己的事，他完全有权利决定写不写作业、什么时候写，他也有权利决定自己要不要努力学习。我们从中撤出来，不是为了通过这一招让孩子自己写好作业，而是真的把孩子自己的事交给孩子自己，没有任何期待地交给他，让孩子自己为自己负责。同时我们相信，他一定会好好表现的，因为人的本性是追求卓越，不是不思进取。

如果你总是插手、介入孩子的学习、作业，那你就是在喧宾夺主、越俎代庖，最后的结果很可能是孩子对学习越来越不上心，你一直在推着孩子学习，随着孩子越长越大，你推得越来越累，最后完全推不动了，对孩子放弃，孩子也完全放弃了学习。

有时候我和学员沟通，建议他们从孩子的作业中撤出来，很多学员会说：好的，那我这个月试一下。我告诉你，不要试，如果你一试肯定就会出问题。因为你试的时候往往浅尝辄止，你期待在一定时间内看到一定的效果，如果孩子没有达到你预期的效果，你就会觉得"我的孩子不适合这样，我还得插手"，然后你们又回到了老样子，你推着他往前走，越来越推不动，孩子越来越不上心，越来越磨蹭、没效率。

所以不要试，而是要坚定地这样去做，把学习的事、作业的事还给孩子，我们不干涉。面对孩子不好的表现，熬过这段时间，撑过去，就会"守得云开见月明"。

如果你非要插手，一定要寓教于乐

是不是孩子的学习家长完全不能插手呢？也不是，如果你能用寓教于乐的方式带孩子玩着学，这也很好。举一个例子，这是主持人王芳在她的《最好的方法给孩子》一书中讲的她教女儿学字的事：

王芳的女儿没有上过学前班，所以刚上小学时语文学起来很吃力，对于一些稍微复杂的汉字，经常写好多遍都记不住，还是写错。于是王芳开动脑筋，把一些汉字编成了小故事来帮助孩子记忆。

比如"一瘸一拐"的"瘸"字，她编成了这样一个故事：有一个小朋友特别淘气，总是爬到房子上往下跳，结果有一次摔坏了腿，走路一瘸一拐的，妈妈看到他的腿生病了，为了让他快点好起来，每天做饭给他加点肉吃，孩子的腿很快就好起来了。

"瘸"这个字，因为是腿生病了，所以是"病字框"。然后问："妈妈每天给他做饭时加什么呢？""加点肉。"孩子抢着回答道。就这样，孩子一下就记住了这个字。

这就是寓教于乐，而不是逼着孩子把不会写的字写二十遍五十遍。

如果你可以寓教于乐，那么我非常乐于建议你这样给孩子做启蒙、在孩子的学习上给孩子帮助，但这对家长的要求非常高，一般的家长可能不具备这样的能力，那也没关系，不插手不干涉就好，只要孩子的人格健康，学习的事他肯定能搞定。

+ 总 结 +

不需要你的热心帮助，孩子自己就可以把学习搞定。你的精力不应该放在孩子的学习上面，而是围绕培养孩子健康人格这一核心目标，花精力去想一些好玩的游戏，发现孩子每天的闪光点，花精力接纳孩子做得不好的地方，花精力经营你们的夫妻关系，给孩子做一个好榜样等。如此一来，孩子人格健康而强大，自然会处理好学习的事。

做家庭教育这些年，我发现，父母越是把精力放在上述这些方面，而不去干涉孩子的学习，孩子的学习越是得心应手。

如果我们过多地在乎、干预孩子的学习，这无疑会破坏亲子关系，亲子关系的破坏，孩子人格的受损，才是孩子学习主动性不高、成绩下降甚至厌学的根本原因。

回顾与思考

关于孩子的学习，你现在有什么样的看法？以后你会怎么做？

_____

_____

_____

专题二：玩手机

家长越限制，孩子越上瘾。

关于孩子看电视，玩手机、平板、电脑等电子产品（以下统称为手机），最主要的是家长对于这件事的看法。很多家长认为孩子玩手机打游戏容易上瘾，上瘾后耽误学习、影响身体，于是想尽一切办法限制、控制。玩手机，真的会对孩子产生这么大的影响吗？

其实，手机对孩子的影响并没有我们想象的那般严重，玩手机不会让一个孩子堕落、不务正业、成绩下滑，真正让孩子消沉的原因，是家长限制孩子玩手机时逐渐恶化的亲子关系。亲子关系糟糕，即便是没有手机、没有网络游戏，孩子照样也会出现其他问题，比如上课睡觉不听讲、打架、逃学、谈恋爱等。所以我们不能把这笔账算到手机身上，也不要怪那些开发网络游戏的公司，和它们都没有关系。

一位学员在学到"玩手机"这一课的时候给我说：我记得儿子初二时我们因为手机的使用时间起争执，我说："我不能让手机毁了你！"他说："你以为是手机是游戏毁了我们吗？！是你们，是你们这些家长！你们从来不相信我，不尊重我！"看，孩子都看到了事情的本质，但有时候我们家长却看不到。

正常的孩子都会对手机产生兴趣，有那么一段时间很着迷。这很正常，因为游戏、短视频确实挺有意思。如果你平时和孩子相处融洽，不那么戴着有色眼镜看待孩子玩手机这件事，也不严格限制他玩，那么孩子迷恋一段时间后就会过劲，不会一直沉迷其中，他会慢慢地找到学习和玩手机之间的平衡，该学的时候认真学，想玩的时候痛快玩，因为他知道自己是一个学生，学习才是最重要的事。

孩子为什么会手机成瘾

我也遇到过极少数孩子沉迷于手机游戏，也就是所谓的手机成瘾、游戏成瘾（一般孩子只是喜欢玩而已，根本没有达到成瘾的程度），这时候大部分家长的做法是想各种办法控制孩子玩手机、玩游戏的时间，比如断网、和孩子约定时间，甚至和孩子抢手机、摔手机。这种做法不但不能解决问题，还会使问题变得更严重。

孩子如果长时间手机成瘾、没法正常学习，甚至不出家门，问题一定不是出在手机上，而是出在我们和孩子相处的模式上，也就是我们的亲子关系上。我国著名精神分析专家曾奇峰老师说：网瘾的形成，与高度控制和施虐有关。

所谓高度控制，就是家长在各个方面都要管控孩子，要求孩子几点写作业、怎么吃饭、穿什么样的衣服、见了长辈要问好、出门不能乱跑等，当然，还有更重要的，一周只能玩几次手机，每天只能玩几分钟。所谓施虐，比如你总给孩子讲道理、说那些要好好学习少玩手机之类正确的废话，或者骂、动手打、严厉地惩罚。

这些事情看似和手机没有关系，却是造成孩子离不开手机的原因。高度控制和施虐都会让孩子对现实生活失去乐趣，因为他感受不到爱，感受到的是挫败感，是爸爸妈妈对他控制下的无力感，所以他就会反抗、会挣脱，手机这个虚拟的世界可以让他找到暂时的成就感，让他暂时忘掉痛苦，于是他就越来越入迷。

所以不是孩子自己手机成瘾的，而是家长把他推进去的。然而对于绝大多数孩子来说，他们只是对手机感兴趣而已，远远没有达到成瘾的程度，只不过是很多家长把这件事看得太严重了。

如果孩子生活在家长的严格管制之下，家长又不陪他玩、不陪他阅读，最看重的就是孩子的学习，还不允许他玩手机，那么他可能真的没有兴趣在这个世界上活下去，对生活、未来失去兴趣。

所以我们还是要看透本质：手机不是问题，游戏不是问题，亲子关系才是本质问题。

我刚开始学习家庭教育的时候也不懂这个道理，看到很多孩子喜欢玩手机打游戏，就和所有家长一样痛恨那些游戏开发公司，那时的我会想，如果国家强制把这些游戏公司封杀了，这该多好啊，一定是家长和孩子们的福音。

现在我不这么想了，就像金钱一样，它是中性的，大部分人挣钱生活，还有一些人通过捐赠做慈善来帮助别人，只有极少数人用钱作恶。游戏也是这样，也是中性的，孩子玩游戏根本没有问题，和我们用钱来买东西生活一样，玩游戏不会耽误孩子的学习和前程，我们不应该戴着有色眼镜来看这件事。

当我们用中性的态度看待孩子刷手机、玩游戏时，我们的脸上就不会再有焦虑、不会传递给孩子压力、不再对孩子强行限制，那么，孩子自己玩上一段时间，就会找到平衡，该放下的时候就能放下。

其实相比于手机，孩子更喜欢和我们玩，有一本书叫《你就是孩子最好的玩具》，这里面的"你"，就是指家长。这个我很有感触，为此还专门用多米做过实验，他在看手机的时候，我如果大声喊我们来玩什么什么游戏吧,多米往往会立马放下手机和我和妈妈玩起来。

所以孩子真的更喜欢你,更喜欢和你玩,玩手机是因为你不跟他玩、他无聊,没有办法,总得找点事情干吧,就只能玩手机、看电视了。

不过度即可,没有必要杜绝

有些家长为了给孩子树立一个好榜样,回到家完全不看手机,这样特别好,同时我觉得也没有必要做得太刻意,该用的时候还可以用,该玩的时候也可以玩。

现在的孩子一出生就离不开手机和网络,孩子小的时候,我们每天用手机给他拍照片录视频发朋友圈,上学后他还需要用手机上网课交作业,无论生活还是学习都离不开手机,所以我们也没有必要一点儿都不让孩子接触,只要我们做得不过分,也就是不过度控制、施虐,不过于严格地给孩子制定手机使用的规则,经常陪孩子玩、亲子阅读,孩子是不会沉迷于那个东西的,孩子是不可能玩物丧志的。

很多家长会给孩子限制时间,以此来防止孩子过度使用手机。我的一位学员是这么和孩子约定的:

周一到周五(仅上学期间,放假除外):晚上8点前关机;吃饭、上厕所时不能看平板;周五晚上9:30前关机。以上如果做不到,那本周一到周五便不能看平板或电脑。周六、周日:如果妈妈让关闭电脑或平板,必须3分钟内关机,然后安排做其他事情,如果超过3次做不到,那周六周日就按规定好的时间看电脑(每天不超过3小时)。

这样的条款，即便是我们和孩子共同制定的，也是不合理的，孩子基本上很难遵守。只要有限制，孩子就肯定会和我们斗智斗勇，比如故意拖延时间，或者跑去同学家玩，大一些的孩子可能还会偷偷躲在被窝里玩，总之就是在玩手机上和我们斗智斗勇。

弗洛伊德说：被禁忌的就是被需要的。家长越是对孩子在玩手机上限制，孩子就永远都玩不够，总想多玩一会儿，然后就是亲子之间的斗争，伤害亲子关系。

家长要看开、放开

那么关于孩子玩手机这件事，我们该怎么做呢？

第一，看开。玩手机和玩别的游戏一样，不会让孩子堕落、影响孩子的学习，我们不戴有色眼镜看待孩子玩手机的事，不视手机为洪水猛兽。

第二，放开。不在使用手机上限制孩子，告诉孩子，手机就放在那儿，想什么时候玩就什么时候玩。

有些家长可能会担心，孩子现在还小，没有自控能力，所以家长要管着点。一个自由的人，才可能是一个自觉的人。如果我们总是因为孩子当下没有某种能力而不给他自由尝试的机会，那么他可能一直都学不会自律自觉。

有一个孩子想让爸爸给他买手机，爸爸买了后，孩子开始几天玩得很严重，后来爸爸实在受不了了，有一天把手机抢过来摔了，并对孩子说：你什么时候能控制住玩手机了，我才再给你买。如果孩子一直没有自己的手机，他怎么可能学会控制好玩手机呢！

我们家长，要给孩子犯错、走弯路、栽跟头的机会，这样的弯路和跟头，孩子越是年龄小的时候经历过，代价就越小，要不然等他上了高中大学，家长无能为力鞭长莫及，他可能真的就完全放飞了，那时候的代价往往是我们整个家庭都承受不了的。

第三，平时把精力放在亲子关系上，还是那些关键词：接纳、陪伴、欣赏、相信、尊重、阅读、转念等。

你不过度控制孩子玩手机，本身就是相信、尊重、放手，是有利于你们的亲子关系的，如果能做到这些，孩子在手机方面一定不会出问题的。

和上节我们讨论的"学习"一样，学习和玩手机都是孩子自己的事，我们不必干涉，不要越界，相信就可以了，慢慢地孩子自然会调整好。

当然，所谓的调整好，并不是孩子从此以后再也不玩手机了、不打游戏了，这是不可能的，他这辈子都会喜欢玩手机的。而是他会做好玩手机和学习之间的平衡，他不会因为玩手机而影响了学习。

放手后孩子的表现

我们要提前做好心理准备，当我们不再限制孩子玩手机、不再提醒孩子写作业以后，孩子很可能会有一个阶段表现得很糟糕，每天玩很长时间，作业不写，澡也不洗，可能饭都顾不上吃。

我们画一个图，当我们放手不干涉后，孩子的表现随着时间的推移将会如下图所示。

表现

孩子的表现随时间的变化

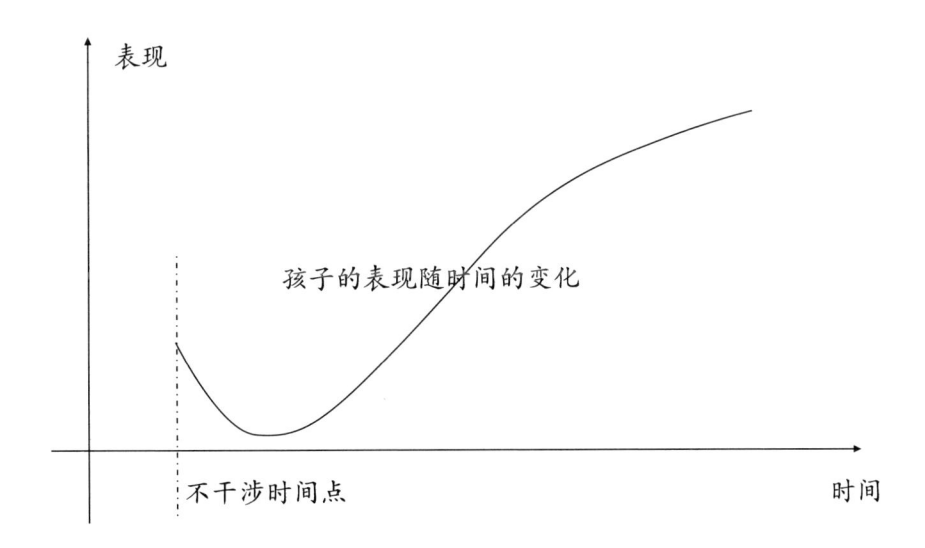

不干涉时间点　　　　　　　　　　　时间

也就是说，刚开始的一段时间孩子的表现一定会下降，一定会更糟糕，因为以前孩子在家长的监管下每天不能痛快地玩，现在放开了，家长对他说"你随意玩"，对于孩子来说就是"解放"，解放了的孩子肯定要放纵一段时间，把以前失去的补回来，而且可能是报复性地补回来。

但他恶补一段时间之后，就满足了，就"吃饱"了，他自己就会感觉到：也不过如此嘛。然后，就开始调整了，他就往好的方向发展了，这就是在自由中逐渐产生的自律。

从开始放手到孩子调整转变的这一段时间，是对我们家长的考验，很多人就是在这个过程中经受不住考验，又开始插手、管控，孩子在手机这件事上就一直过不去，无法自律，永远玩不够。所以我们一定要咬紧牙关熬过去，熬过去就是"守得云开见月明"，将来越来越顺畅。

玩手机影响视力

还有家长过不了这一关的原因，是担心玩手机太多影响孩子的视力。影响视力是肯定的，这个无法否认，不过我们也要想到，孩子上学也会影响视力，没有手机的时代，很多孩子上了初中、高中也都慢慢戴上眼镜了，但是有家长因为上学影响视力而不让孩子继续上学的吗？我从来没有见过这样的家长。为了学习，我们可以不顾孩子的眼睛近视，为什么在手机上我们就不行呢？还是我们对手机有看法、有偏见。

我们生活在这样一个到处都是电子设备的时代，电视机越来越大，手机越来越大，分辨率越来越高，视频、游戏画面越来越清晰，效果越来越炫酷，我想大部分孩子的眼睛都会受到伤害和影响，这件事不可避免，在时代的洪流面前，我们无法阻挡。

而且如果你限制孩子玩，你会发现孩子越大，玩手机的事我们越管不住，他还可能关了灯偷偷在被窝里玩，这不更影响视力吗？

其实，当我们真的放开了，孩子放纵地玩上几天，他自己就会感觉到身体吃不消，眼睛受不了。想起"我妈以后不会再干涉我玩了，我什么时候都可以玩"，他心里就放心了，不用再争分夺秒了，就更能放下了。这时我们适当提醒一下，孩子会更愿意听我们的。所以这样反而更有利于保护孩子的眼睛。

年幼的孩子玩手机

我不否认，如果孩子玩手机时间太长确实不太好，尤其对年幼的孩子来说，对专注力、对视力等都有影响，而且孩子长大后很难纠正。所以，对于年幼的孩子，我们尽量不让孩子玩太长时间。但是我们不应该直接限制，因为一旦限制孩子就会反抗，那应该怎么做呢？

第一，不用手机、平板、电视哄孩子。

很多家长忙着做家务的时候、在饭店等着上饭的时候、出门乘地铁的时候、带孩子在医院看病的时候等，都会给孩子一个手机让孩子玩，这样孩子就乖了、不捣乱了，大人就可以抽出身来。

我建议家长尽量别用手机、平板哄孩子，可以给他一本书，也可以给他一支笔一个本子让他乱画，或者给孩子讲讲故事、讲一些有意思的事，和孩子聊聊天，但不要用手机、电视、平板哄孩子。如果我们经常用这些电子产品哄孩子，孩子自然会过早地对这些东西产生兴趣。

第二，最好不要买平板电脑。

对孩子来说，平板电脑就是一个玩具，上面有动画片有游戏，那么好玩，所以只要家里有平板，孩子肯定想要玩，这是导致矛盾的"罪魁祸首"，无论我们如何与孩子温柔地商量，孩子都会玩得停不下来，最后我们的耐心也会被消耗殆尽。所以我强烈建议有宝宝的家庭，或者即将有宝宝的家庭，不要买平板。

如果平板放在那里却不让孩子玩，或者限制孩子玩，无论我们的理由多么合理，对于孩子来说都是残忍的，他们幼小的心灵无法承受这种折磨，所以我们干脆就不要买。

有些家长说我要让孩子上网课，所以得给孩子买平板。这些年的从业经验使我发现，孩子通过网课学的那些所谓的知识技巧，完全没有家长和孩子因为平板产生冲突从而对孩子的伤害多，所以完全不划算。

第三，我们要多陪孩子看看书，陪孩子玩游戏，带孩子去找别的小朋友玩。

找到孩子感兴趣的事情、感兴趣的人、感兴趣的玩具，陪孩子一起投入进去，让孩子的精力和时间用在这些地方，这样孩子就不会无聊从而总想着玩手机看电视。我们有意不让孩子多玩手机，但是我们的做法不留一点儿痕迹，孩子根本就没有感觉到我们不让他玩、限制他玩，反而是孩子自己感觉总有其他好玩的事情，这些事情比手机有意思多了，所以就想不起来玩手机了。

✚ 总　结 ✚

很多家长限制孩子玩手机，是因为担心孩子玩物丧志、担心玩手机严重影响孩子学习。其实玩手机并不像我们想象的那么糟糕，孩子完全可以做到既开心痛快地玩了手机，又不耽误学习。

为什么很多孩子在玩手机上表现得如此迷恋，确实影响了学习成绩？弗洛伊德说，被禁忌的就是被需要的，曾奇峰说越禁忌就越需要。家长太担心玩手机对孩子的影响，以至于和孩子约定严格的时间限制，甚至当孩子打游戏的时候从孩子手里抢过手机，那么玩手机就会成为孩子强烈的需要，以至于他们会抓住一切机会玩，比如去同学家玩、半夜躲在被窝里玩。

如果我们打开思路，不再视手机为洪水猛兽，把玩手机的权利交给孩子自己，那么，他们也会玩，但是一定不会上瘾，需要投身于更重要的事时，他们一定可以让自己从手机里抽出身来，比如去学习、去探索自己感兴趣的事情。

回顾与思考

关于孩子玩手机,现在你怎么看?以后你会怎么做?

专题三：性教育

性的问题，从来就不是性的问题，而是关系的问题。

性教育这些年来越来越被大家重视，但很多家长觉得很多话不方便说，也不知道什么时候和孩子聊比较合适，其实性教育很简单，并不像我们想的那么复杂。

被誉为"中国性学第一人"的潘绥铭教授说过这样一句话：性的问题，从来就不是性的问题。曾奇峰老师在这句话上又补充了半句：性的问题，从来就不是性的问题，而是关系的问题。

这句话让我醍醐灌顶：性教育的核心，并非在于如何教孩子保护自己的隐私部位、如何科学地认识自己的身体、如何识别潜在的危险并且避开，而是在于亲子关系的建设。亲子关系美好，孩子拥有健康强大的人格，就不会在性方面出问题；如果亲子关系糟糕，导致孩子人格出现偏差，则很可能在性方面出问题。

曾经有一位家长找我说，自己十三岁上六年级的女儿平时和男同学微信聊天时，都是相互称呼"老公老婆"，孩子这么小就这么随便，问我该怎么办。

我问这位家长她们的亲子关系怎么样，妈妈说她和孩子的爸爸早已离婚，离婚后孩子和姥姥生活了几年，最近才被接到自己身边，她看到孩子身上的各种毛病，就想把这些毛病给改过来，所以俩人总是争吵、孩子叛逆。而离婚后，孩子和爸爸就没有联系过。

我真是心疼孩子，如此糟糕的亲子关系，孩子就容易在这方面出问题；如果想要解决这个问题，也只能从恢复亲子关系入手。为什么呢？因为亲子关系糟糕，孩子从爸爸妈妈身上感受不到爱和温暖，没有归属感，就自然会想办法从其他地方获得，尤其是女孩子，她们可能会"廉价"送出自己，以此来证明自己是有人爱的、是有价值的。有些孩子还可能通过与别人发生性关系的方式来报复家长，让家长伤心、让家长痛苦。

而那些与家长建立了良好亲子关系的孩子，他们也会正常与人恋爱，时机合适时发生性关系，享受性的美妙，但是一定不会做出出格的行为，也会保护好自己不受伤害，因为他们的人格足够完善、内心足够充盈，不需要通过与别人发生性关系来证明自己的价值。

有一些家长想要控制孩子玩手机，一部分原因是担心孩子在网上看色情信息，担心这些东西会影响孩子。一个孩子不会因为看了色情信息而在性方面出问题，能让孩子在性方面出问题的，只有糟糕的亲子关系。

所以性教育的关键，不是给你的孩子讲这方面的知识，孩子几岁时和他分床睡合适，等等，而是亲子关系的建设。

当然，通过和孩子一起读相关绘本、一起看相关动画片的方式，教给孩子如何保护自己的隐私部位、不让任何人触碰自己的隐私部位、遇到别人骚扰如何保护自己等，这也很有必要，是性教育的好方式。而且统计数据显示，百分之八十的儿童性侵案件发生在熟人之间，这就要求我们家长一定要提高警惕。

另外，在合适的时机，或者孩子问及一些性方面的问题时，家长应该大方地给孩子解答，不要不好意思。所谓合适的时候，就是"可教时机"，比如一起看电视的时候刚好看到了这方面的镜头，或者最近有了相关新闻等，或者孩子主动问起，这就是可教时机，可以和孩子大方地聊一聊。

有些家长觉得给孩子讲性方面的事情难以启齿，这种心理很正常，同时我们有必要克服一下自己的心态，家长越是不把这东西搞得神秘兮兮、对孩子藏着掖着，孩子也就越是坦然。

"年糕妈妈"李丹阳写过一本书叫《你的亲子关系价值千万》，书中说，她在给五岁的儿子讲到男人和女人的身体结构时，她和老公两人全都把衣服脱了，裸体站在孩子面前，让孩子真实地看到男女身体的不同。当然我不是要大家都用这样的形式给孩子讲，只是想说明我们应该大方一些，如果有心理压力，就克服一下。孩子的疑惑被一次性完全解决之后，他也不会总缠着你一遍一遍地问。

另外说一下性行为的三个底线，只要在这三个底线之上，从法律上来讲就没问题。一方面你自己要明白，有了这个底线你就不会焦虑了，就不会总觉得孩子有问题了；另一方面也可以在合适的时候告诉孩子。

第一，任何性行为都要在私密的空间进行。比如孩子抚摸自己的性器官，有些家长看到后会直接制止，甚至打孩子的手，这都不太恰当，更恰当的方式是告诉孩子这样的行为可以，但最好在不被别人看到的地方进行，这样既保护自己，又照顾了别人的感受。

第二，如果要发生性行为，一定要双方自愿，如果有一方不是自愿的，法律上会判定另外一方强奸，需要承担刑事责任。

第三，和你发生性关系的对象，必须年满十四周岁，当然你也必须年满十四周岁。如果与十四周岁以下的孩子发生性关系，无论对方是否自愿，法律都会视为强奸。

当然我们希望孩子成年之后再与别人建立性关系，如果家长和孩子的亲子关系足够和谐，孩子的人格足够健康，孩子是不会过早与别人发生性关系的。

孩子关于性方面的行为，只要是在这三个底线之上，从法律上来讲都不属于犯罪，比如孩子看一些色情图片、电影，手淫，自己买避孕套玩，甚至一些孩子有一些特殊的爱好，比如男孩子喜欢女人的内衣，只要是在这三个底线之上，就没问题，请你放心。

+ 总 结 +

性的问题，从来就不是性的问题，而是关系的问题。所以性教育的关键，是和孩子建立良好的亲子关系，从而让孩子长成健康的人格。一个人格健康的孩子，一定不会在性上面出问题。

回顾与思考

　　你赞同"性的问题,从来就不是性的问题,而是关系的问题"这句话吗?

_____

_____

_____

_____

_____

专题四：财商教育

一个人如何看待金钱，是他的人格的表现。

零花钱

我建议从孩子读一年级开始，家长就和孩子商量，固定的时间给孩子固定数目的零花钱。告诉孩子：你已经长大了，有很多需要用钱的地方，所以爸爸妈妈觉得应该给你零花钱，而且你也应该慢慢学着怎么样花钱、存钱、理财。然后和孩子商量一下，每月给一次还是每周给一次，每次给多少，比如每周六"发工资"，每次五十块钱，通过现金的方式给到孩子。

当然可能一开始你们商量好的"工资"并不太合适，没关系，先试一段时间，如果不合适可以调整。如果调整的话，尽量不要"降工资"，而是"涨工资"。随着孩子年纪越来越大，他的开销会越来越多，你们也可以根据情况主动给孩子"涨工资"。

给孩子的"工资"如何花，可以和孩子一起讨论，也可以给孩子建议，比如分成三份，一份用于本周的及时消费，一份短时间内存起来用以购买自己中意的大件玩具或者学习用品，一份长久存起来作为自己以后的"梦想基金"干大事。当然，既然这份工资是孩子的，那么孩子则有最终的决定权，我们只是建议如何使用，不强制要求。

我们也可以和孩子讨论一个底线，比如说，零花钱不能充值在游戏里，如果发现一次，就停发一个月。要不要设底线、设什么样的底线，也要和孩子一起来讨论，明确下来。讨论的时候，一定要倾听、尊重孩子的想法，我的建议是，以孩子的想法为主。

固定时间给孩子零花钱有很多好处：

第一，以后孩子自己决定买不买玩具、要不要买零食、买多少，这个决定权交到孩子手中，他就不用每次和家长要，避免了这方面的亲子冲突。

第二，给孩子零花钱，是对孩子尊重、信任的直接表现，也是孩子人格独立的重要一步。

第三，这也是孩子学习理财的开始，既包括如何花钱，又包括如何存钱。

第四，我们要让孩子从小就学会如何花钱、如何存钱，让他对钱有感觉、有概念，即便刚开始孩子在钱上栽了跟头，也要让孩子在小的时候栽，这样以后就不会吃太大的亏，甚至因为钱而犯下无法弥补的错误。

有一位家长对我说，孩子六年级的时候，有次她给孩子两百块钱作为一个月的零花钱，结果孩子三天就花得只剩下四十块钱了。问花在哪了，孩子说和同学买零食吃了。妈妈很生气，收回了剩下的四十块钱，并对孩子说：等你什么时候学会怎么花钱，再给你零花钱。

这就是问题了，如果你一直不让孩子花钱，他怎么可能学会如何花钱合适呢？就像学自行车一样，不摔倒几次，怎么可能学会呢？所以花钱、理财这件事，我们应该尽早让孩子体验，在体验中学习。

给孩子零花钱，这与家庭经济情况没有关系，如果经济情况比较紧张，可以和孩子商量少给一些；如果经济情况比较宽松，适当多一些也没问题。这主要是一个意识问题，我们认识到了这件事情的重要性，然后给起来，这很重要。

家庭收支

在合适的时候，和孩子聊一聊你们家的经济情况，比如爸爸妈妈每个月的收入分别是多少，咱们家的存款或者外债大概是多少，咱们家每个月的花销大概是多少，房贷多少，车贷多少，交通费用大概是多少，一家人的生活费大概是多少，家里近期有没有什么花钱的计划，等等，这些，我建议在孩子有了一定的钱和数字的概念后，就可以和孩子开诚布公地聊一下。

我们和孩子聊这些，用意并不是告诉孩子应该少花钱、不重要的东西不要买，而是把孩子当成家庭重要的一分子，把家里这件重要的事情告诉孩子，让孩子有知情权，这样，孩子就会感觉到我们对他的信任、尊重，也会增加孩子的主人翁意识。而不是一直在这方面对孩子遮遮掩掩，不对孩子说实话，故意瞒着孩子。

另外，如果咱家有一些平时用来买菜的零钱，或者不太多的现金，我们在放的时候，千万不要防着孩子、偷偷放在他不知道，或者够不着的地方。如果我们用"防贼"的心态去防孩子，孩子很可能就会和我们"配合"，从而成为"偷"家里钱的"贼"。如果我们不避讳孩子，孩子不但知道家里的零钱在哪里，而且还能自己拿到，那么这个孩子一定能感受到爸爸妈妈在钱上对他的信任，这个孩子也会对得起爸爸妈妈的这份信任，不乱拿钱花。

不要让孩子挣家长的钱

有些学员问我，当孩子和家长要钱的时候，或者要买什么东西的时候，能不能通过让孩子劳动来挣，比如洗一次碗一块钱，扫一次地一块钱，等等。我个人的建议是这种做法不可取，不要让孩子从家长身上挣钱，如果那样的话，你们的亲子关系可能会变成一种交换，交换冲淡了亲情，这得不偿失。

孩子要的东西，如果你觉得可以买，就大方地给他买下来；如果你觉得不合适，就直接告诉他不合适。对于大一些的孩子，如果他有零花钱，可以让孩子自己攒钱买。当然有些孩子要买的东西可能比较贵，孩子自己的零花钱不够用，这个时候我们也可以选择支持他，或者不支持他，都可以，但是不要让孩子通过付出劳动来从家长这儿挣钱。

作为家庭成员的一分子，孩子在家里劳动，这本来就是应该的，不应该给报酬，劳动后家长的感谢和肯定就足以让孩子有很大的成就感和满足感。而如果我们让孩子通过劳动来换取报酬，以后孩子不想要这份报酬了，是不是他就可以选择不劳动了呀？

如果他说"我今天不想挣钱了，所以我今天不扫地"，甚至说"我以后不挣这份钱了，所以我以后再也不扫地了"，你能非常平静地、没有任何情绪地接受吗？

一些家长受国外文化影响，说国外就经常这样，让孩子剪一次草坪给多少钱。我们也要看到，那些国家的人们，他们的亲情很淡，在这方面和我们中国的家庭差远了，据说他们的老人很可怜的，所以我并不觉得那些外国人的做法很高明。

如果你真的想让孩子挣钱，你可以和孩子一起想办法，通过劳动、智慧来挣别人的、市场上的钱，比如在小区里卖点什么玩具，或者组织个什么有意思的活动，如果你们一起动脑筋、想办法、去尝试，肯定能找到好方法。挣别人的钱，那才是本事；挣爸爸妈妈的钱，这不叫本事，对孩子以后也并没有太多帮助。

+ 总　结 +

　　孩子和金钱的关系是他和父母的亲子关系的反映，我们对待孩子花钱的态度，也是我们与孩子如何相处的一个体现。我建议你，当孩子上学之后，就和孩子商量按时给孩子固定的零花钱让孩子自由支配，也让孩子知道家里的财务状况。如果孩子想要挣钱，不要让孩子通过劳动从我们身上挣钱，而是和孩子想办法从市场上挣钱。

回顾与思考

　　你有在固定的时间给孩子固定的零花钱吗？如果还没有，你打算什么时候给呢？

专题五：叛逆

每个孩子在成长的过程当中都会和自己的父母有一场战争，在这场战争中如果父母赢了，那就是悲剧；如果孩子赢了，就是整个家庭的喜剧。

——李中莹

本书前面用了很多篇幅讨论亲子关系，如果亲子关系做好了，我们不会遇到孩子叛逆的问题。

叛逆的原因主要有两个，原因一是家长对孩子的忽视，给孩子关注、陪伴、关爱太少。比如孩子想和你玩一会儿，你却总是抱着手机看，不给孩子回应；孩子说"妈你过来看，有好东西"，你却说"你说吧，我听着呢"。孩子得不到家长的回应和陪伴，感受不到爱，就会故意捣乱胡闹，通过叛逆的方式来引起家长的关注。

再比如更严重的，为什么留守儿童更容易叛逆呢，因为爸爸妈妈的关注更少，每天都见不到爸爸妈妈的面，和爸爸妈妈说不上话，就更感受不到爸爸妈妈的爱了，内心的不满，就很可能通过叛逆的形式表现出来。所以我们要尽量让孩子在我们身边长大，尽量不独自把孩子留给老人。

叛逆的原因二是家长管得太多，对孩子束缚太多。比如孩子在小区里玩，你总是对孩子说"不要跑"，孩子想周日晚上写作业，你非要他周六写完，你越界插手了太多孩子自己的事，孩子本身的生命力得不到释放，就必然会叛逆。

我现在不太愿意说孩子的叛逆，更愿意说家长的叛逆，孩子干什么家长都要管一管，这不就是家长自己心智不成熟、对孩子的叛逆吗？孩子所表现出来的叛逆，只不过是被动防御而已，是在保护他自己的生命力。

其实叛逆是孩子生命力旺盛的表现，完全听父母话、自己不痛快仍不和家长对抗的孩子才更值得我们注意，没有了自己的主见，家长让干啥就干啥，家长不让干的就不干，没有了生命力，没有了创造力，没有了探索精神，这样的孩子更可能在进入社会后被淘汰。

所以，敢于和家长、老师对抗，敢于叛逆的孩子，从另一个方面来讲，反而是更有主见、更自信、生命力更旺盛的孩子，这是好事。

孩子从会走路开始，就主动探索周边的世界；从会说话开始，就在表达自己的观点，他的自我意识就逐步形成，他就要求独立，自己决定自己的事。大概两岁的时候，孩子也会走路了，也会说话了，自主意识初步觉醒，家长让他们干什么，他可能都要说"不""不行""就不"，这就是孩子生命力的体现，我们应该为此而感到高兴，而不是总说孩子叛逆、不听话，总想办法治他，更不要用"叛逆的两岁"这样的词来形容他们。

无论是面对两岁的孩子，还是青春期的孩子，我们都要尽量不越界插手孩子自己的事，在界限内给孩子充分的自由。学习上不插手、玩手机上不插手、交朋友上不插手、花钱上也不插手，而是做好我们的"陪伴""欣赏""相信""尊重"这些关键词。

如果你是这样的家长，孩子一定不会叛逆。

+ 总 结 +

孩子叛逆的原因，要么是家长给的关爱太少，要么是家长给的不必要的束缚太多，如果我们能做到给孩子足够的关爱，又给孩子充分的自由，这个孩子一定不会叛逆。并且，孩子表现叛逆不一定是坏事，叛逆的孩子远比畏首畏尾的孩子更有生命力，我们应该庆幸。

回顾与思考

站在孩子的角度，你能看到你对孩子的叛逆吗？

专题六：隔代养育

相对于爷爷奶奶外公外婆，孩子更主要的是受爸爸妈妈影响。

很多父母出于工作或其他原因，会请孩子的爷爷奶奶或者外公外婆帮助带孩子，三代人一起生活。我们家也是，请来了我爸妈帮忙。请老人帮我们带孩子，老人自然会带着他们的教育思想和过往经验，而且老人的教育观点很可能和咱们新一代父母的观点不一样。

有些老人管得严，觉得我们太宠溺孩子；有些老人对孩子袒护、宠爱更多一些；还有些老人会包揽孩子的各种事，给穿衣服、喂饭等。面对这样的局面，我们可能很担心，觉得老人的做法不对，对孩子的成长不利，所以想要影响、改变老人，于是和老人沟通。但大多数情况下沟通的效果并不如意，老人根本不听我们的，于是造成一些不愉快。

其实，无论老人对孩子严格也好，还是宠爱也罢，问题都不大，因为相对于老人，孩子更多的是受爸爸妈妈的影响，除非孩子不和我们一起生活，老人单独照顾孩子。

我们一直在强调亲子关系，没有几位教育专家强调祖孙关系吧，也是这个原因，只要孩子和咱们在一起生活，老人对孩子的影响就不会太大。老人可能会影响孩子一时的情绪，但一般影响不到孩子的人格，真正对孩子的人格有影响的，还是孩子的父母。

做一个不太恰当的比喻，如果父母对孩子的影响是10，老人的影响可能只有1。但是如果父母总是因为教育的事和老人争吵、闹得不愉快，就是给孩子做了不好的榜样，破坏了家里的友好氛围，这对于孩子来说影响就大了。

所以，老人怎么做不重要，父母自己怎么做才重要。

即便老人有时候做法不对，咱们私下来和老人沟通也没有效果，那就不计较了，随着点老人，没什么，毕竟老人过来带孩子是给我们帮忙，这不是人家的责任和义务，我们是把人家请过来的，应该感谢人家。

很多年轻父母不知道，老人在自己儿女家其实是很不容易的，不像我们回了爸妈家那么自在、那么随意，他们会很小心谨慎，担心哪句话说得不对、很多事情也不敢做，这种体会，可能只有我们自己当了爷爷奶奶外公外婆、给子女去带孩子的时候才能切身体会。所以，不要再去计较老人带孩子做得不好、不对的地方了，做好咱自己，感谢父母，给孩子做一个孝顺的榜样更重要。

可能有一些老人，因为他们自己原生家庭的原因，导致他们的人格不太健康，比如刻薄、蛮不讲理、霸道、对年轻人有很强的控制欲、总是批评别人，甚至和孙子辈的孩子吵架等，作为儿媳妇的你受了很多委屈，还得不到丈夫的体谅。那么面对这种情况，咱们怎么办呢？最好的办法是分开，不要住在一起，即便是多花点钱给老人在小区里再租一套房子，也好过整天和老人生活在一起。

和老人保持"一碗汤的距离"是最好的选择，什么意思呢？你盛了一碗热汤给老人送去，送到的时候汤还热着，这就是"一碗汤的距离"，这是最佳选择，既可以相互照应，又不至于因为整天生活在一起而产生矛盾。

如果受各种条件所限，我们必须和老人一起生活，这时我们不得不承认，生活中总有一些问题是无法得到解决的，我们只能和问题共存。

老人可能对孩子严厉打压、责骂、冷嘲热讽、挖苦，也可能天天追着孩子喂饭、整天带孩子看电视，这种问题解决不了、避免不了。

我们作为孩子的爸爸妈妈，要给予孩子温暖的怀抱，下班后尽量陪孩子玩一会儿、看看书，这样，孩子在老人那儿遭遇了不当的对待，在我们的怀抱里可以疗愈，他知道爸妈是接纳他的、爸妈是支持他的、爸妈的怀抱是温暖的，就会"满血复活"。你和孩子美好的亲子关系就是保护孩子不受伤害的盔甲，孩子在这副坚实铠甲的保护下，一定会顺利成长。

还有一种情况，比如老人的控制欲很强，甚至很强势，不但管控孩子，还经常要求我们要怎么样教育孩子、不能溺爱孩子之类的，而且和我们的理念很不一样，这该怎么办呢？

要知道，我们才是养育孩子的第一负责人，如果在养育孩子的理念上我们和老人有分歧，我们可以耐心听老人怎么说，但依然要坚定自己的主见，哪怕这样会让老人不高兴，我们也要坚定自己的立场。听老人说，这是在表达对长辈的尊敬；坚定自己的主见，这是在对孩子负责。

+ 总 结 +

在祖孙三代人生活的家庭里，我们有时候看到老人的做法不对，如果和老人平静的沟通无法让老人调整，那么我们就不必纠结此事，而是调整好自己的状态，把我们自己应该做的做好。因为相对于爷爷奶奶外公外婆，孩子更多的是受到爸爸妈妈的影响，亲子关系对孩子的影响要远大于祖孙关系。

回顾与思考

你们和老人一起生活吗？你现在还纠结老人的教育理念不对吗？

专题七：二胎及多胎养育

不必刻意追求公平，而是给每一个孩子独特的爱。

养育二胎或者多胎的家庭要比只养育一个孩子的家庭面临更多的挑战，第一个挑战就是如何对待老大。

我国著名企业家邵亦波和太太一共养育有三个孩子，虽然是高才生，又是成功人士，但他们也同样会面临这样的难题。一次接受记者采访，邵亦波讲到一件事：

曾经有一段时间，我的儿子一直打比他小三岁的妹妹，我再怎么劝他、骂他甚至打他都没用。后来，我发现他其实是需要我的爱，我便不再打他骂他，更多的时候就是抱着他，甚至不用说太多话，只是跟他在一起。过了几个月以后，他就不打妹妹了，有一天，他跟我说："爸爸，你救了我的命。"

有了弟弟妹妹，爸爸妈妈很多精力都需要放在照料弟弟妹妹身上，这时的老大必然会有一种失落感。对于老大来说，爸爸妈妈生弟弟妹妹可能并非喜事，而更可能是一个创伤性事件，所以我们更要用心呵护这个"受到创伤"的孩子，如何用心呵护呢？我们看看这位妈妈是怎么做的。

有一部纪录片，讲述的是奥林匹克创始人的生平。影片里主人公的弟弟刚出生，主人公当时只有七八岁，他从楼上走下来，站在楼梯上，看爸爸妈妈还有保姆在忙着照顾婴儿。

他妈妈一回头，发现她的大孩子在楼梯那儿看他们，忙走过来拉着儿子坐在楼梯上，告诉他："我要告诉你的是，妈妈非常爱你。但是你的弟弟非常小，如果妈妈不给他喂奶、不给他吃东西、不照顾他的话，他会死去。所以妈妈必须把更多的精力放在照顾他身上，而你已经能够自己照顾自己了。但这并不意味着妈妈不爱你。妈妈非常地爱你。"这个男孩对这个问题就释然了。

实际上这个孩子提出问题没有？没有。只是他妈妈看到了这个情景，感觉到了这个问题，就把孩子的心结打开了。有这样的妈妈，就有后来他的成就。（摘自《爱和自由》）

所以有了老二以后，我们应该对老大更敏感一些、更包容一些，不必因为他的一些调皮捣乱行为而批评他们，这时的我们确实没有更多的精力陪老大，那么对他的包容和接纳就是我们对他表达爱最重要的方式。

每一个已经生二胎或计划生二胎的家庭都会经历这个阶段，我们家也是。刚生下老二多肉后，我们给足了对哥哥多米的包容，比如多肉好不容易睡着了，多米大声说话把弟弟吵醒了，我们一句都没有批评过多米，知道这么大的孩子就是这样的，他不是故意的。多米有时候还会故意"欺负"一下弟弟，比如捏一把弟弟，我们也从来没有说过不可以、给他脸色，我们把这解读为哥哥对弟弟的喜爱，其实这就是哥哥喜爱弟弟的一种方式。

有些家长并没有给到哥哥姐姐这样的包容，反而会要求孩子"你现在当哥哥姐姐了，要有当哥哥姐姐的样，要让着弟弟妹妹"，有一些家长甚至还会对老大说,"你怎么还不如你弟弟呢,你看人家多懂事"。这会让老大更讨厌弟弟妹妹,为了重新获得爸爸妈妈的爱和关注,或者发泄心中的不快,他可能真的会故意搞破坏调皮捣蛋,甚至打弟弟妹妹。这其实都是老大在给你发信号:他需要你的爱了。

还有一些孩子直接说我们偏心、不爱他,更喜欢弟弟妹妹。我们该怎么回应孩子,才能让孩子感受到我们的爱呢?比如一位学员问我:

有一天哥哥说我偏心,一直陪着妹妹,我跟他解释说因为妹妹很小,她不会说话不会走,所以需要妈妈更多的照顾,但是妈妈一样喜欢你们俩。后来他说的次数多了,我就翻出他很小的时候的照片,说他很小的时候妈妈也是这个样子照顾他的,甚至告诉他:妈妈对他更好些,妹妹三岁了只坐过摇摇车,连游乐园都没去过,哥哥小时候经常在游乐园玩,去过更多地方玩,妹妹都没有。但是哥哥依然觉得我偏心。任老师,请问我如何让哥哥不再这么计较?

当我们只是用语言告诉孩子我们爱他的时候,他们是感受不到爱的,即便我们拿出来证据来证明,他们依然感受不到,因为你证明的时候并没有爱。

这个问题怎么解决呢?很简单,当孩子再对我们说偏心的时候,我们可以直接把孩子抱过来,摸摸他的头,捏捏他的脸,戳戳他的肚子,拍拍他的胳膊,笑着对他说:让我看看,是不是我大儿子吃醋了,来,让我撩开衣服看看吃了多少醋,我闻一闻,啊,肚子真的有一股酸味……

就这么和他玩一会儿、和他闹一会儿、和他腻一会儿,孩子自然能真实感受到我们的爱,要不然你举了那么多证据、看了那么多照片,孩子依然感受不到。爱，如果感受不到，就不是。

同时我建议家长给每个孩子"特殊时光"，比如和老大约定每天晚上的 8 点到 8 点半，或者每周六下午 3 点到 5 点为老大的特殊时光，在这个时间内，爸爸或者妈妈只专心陪老大，老大想玩什么、想干什么就陪老大干什么，其他任何事都不做。约定的这个时间点雷打不动，这就是老大的"特殊时光"。

有了这个，老大就会明白：虽然有了弟弟妹妹，但爸爸妈妈还是很爱我的，他们愿意在固定的时间放下一切来陪我。这样老大心里就安全了，就不缺爱了，他就会和爸爸妈妈一起照顾好弟弟妹妹，即便和弟弟妹妹发生矛盾也会让着弟弟妹妹的。这不就是我们希望看到的场景吗？

养育二胎的家庭还会面临一个挑战，就是面对孩子们之间的"战争"，作为家长的你如何一碗水端平，让孩子们不再相爱相杀，而是相亲相爱？

首先我想告诉你的是，"相爱相杀"才是孩子们正常的相处模式，不管是相差十多岁、还是相差两三岁的兄弟姐妹，吵架甚至打架都是正常的事，就像吃饭睡觉一样正常，它只是会让家里更热闹、更欢乐一些，并不是什么问题，在生二胎之前我们就要做好这个心理准备。

随着孩子们逐渐长大，他们总有一天不再争吵，转为和平相处。所以在他们还有热情打闹的时候，我们尽量去享受这些孩子的"表演"吧，这样的精彩时光在我们的一生中并不会持续多久，我们要珍惜，用欣赏的眼光来看待。

这就要求家长在两个孩子发生矛盾时，能不插手尽量不插手，让孩子自己来处理。

比如老大正在玩一个玩具，老二想要但老大不给，这时我们最好不要插手，说什么"你是姐姐要让着妹妹""你让妹妹先玩一会儿"这样的话，而是什么都不说，让孩子们自己解决。即便妹妹来找你，你也要告诉她"这是你们姐妹之间的事，你们自己处理就好"。如果有一方最后哭了，来找你哭诉，这时我们接纳孩子的情绪即可，不介入事情。

有些特殊情况必须家长介入时，我们的原则应该是偏向老大，而不是偏向小的。如此一来，我们既维护了老大的权威，又让老大心里痛快了。老大痛快了，他才会发自真心地让着弟弟妹妹。如果老大心里委屈，他只会记恨弟弟妹妹，并想着如何收拾他（她）。

我们也不必追求一碗水端平、做到完全公平公正，这碗水不可能端平，即便真端平了，结果也是两个孩子都觉得不公平、都受伤。我们要做的是看到每一个人的感受，孩子不一定要求公平，但一定希望被看见。

+ 总 结 +

二胎家庭的养育要比独生子女的家庭更不容易，首先我们一定要照顾好老大的情绪，当有了弟弟妹妹，因为我们不得不把原来陪伴老大的时间用来照顾弟弟妹妹，所以一定要给到老大足够的包容和理解，包容因为嫉妒、不满而表现出的情绪，这样老大才能顺利接纳并爱护弟弟妹妹。

其次，我们一定要明白，两个孩子发生冲突，这是他们正常的相处模式，不要觉得这是很大的问题，当他们发生矛盾的时候，我们尽量不主动干预，如果非要干预的话，我们可以偏向老大一些，维护他的权威。

最后，我们可以给每个孩子特殊时光，在特殊时光里专门陪伴这一个孩子，这样，孩子就会安心，就知道了爸爸妈妈虽然有不止一个孩子，但依然是爱自己的。

回顾与思考

　　回想一下，自从有了老二，你有没有给到老大足够多的包容，有没有给到他单独时间的陪伴。

_____

_____

_____

专题八：习惯

培养孩子的习惯，可能并没有像你想象中的那么重要。

我对家庭教育的阐述是围绕培养孩子健康的人格展开的，基本上没有谈到"习惯"这个词，甚至在讲到"学习"这个专题的时候，还建议你放弃培养孩子学习习惯的想法。于是有家长就会产生疑问，"习惯"不是很重要吗？大家都在强调"习惯决定性格，性格决定命运"啊，这如何解释？

为什么很多家长执念于培养孩子好的习惯呢？是因为这些家长认为，一旦孩子形成了某一习惯，以后就会一直这样做下去，不需要家长再操心了，可谓一劳永逸。

比如，这些家长认为，一旦养成了回家先写作业的习惯，以后孩子一回家就会主动写作业，根本不需要家长催；一旦养成了早睡早起的习惯，那么以后都不需要家长提醒，孩子到点就会睡觉、到点就会起床；一旦养成了检查的习惯，那么孩子以后写完作业都会认真检查；一旦养成了阅读的习惯，那么孩子没事就会阅读；等等。正是因为有这样美好的愿景，于是这些家长才会努力在培养孩子的各种习惯上下大力气。

"习惯决定性格，性格决定命运"这句话，我现在已经不相信了，甚至，我都不相信有"习惯"这个东西。我更相信阿德勒说的：人的所有行为都是目的驱使的。我们做与不做一件事，并不是因为我们是否有做那件事的习惯，而是根据我们的目的判断所决定的，如果在某件事情上有目的，就自然会去做；如果没有目的，或者目的相反，就不会去做。

最常见的，比如"阅读习惯"，很多人觉得每天阅读是一种习惯。曾经有一位北京的学员来找我，我们聊了很久，聊到我每天都会看家庭教育方面的书，他说：你现在已经养成了每天看书的习惯。这位伙伴说我养成了看书的习惯。

其实并不是，我从小就没有养成看书的习惯，到现在也不爱看书，我觉得看书很累，真的。但是，对于看书我有明确的目的：我需要通过看书来学习，来精进我的专业能力，我也要给我的孩子做好阅读榜样。正是因为我有这样明确的目的，所以虽然我并不喜欢看书，但依然每天坚持阅读。

如果哪天我自负到觉得自己已经很牛了，不需要再通过看书来精进自己的专业能力了，也不需要装模作样给孩子做榜样了，我很可能就不看书了，就去玩手机了，因为我没有目的了。

所有需要通过大脑判断来决定做与不做的事，我觉得都不会成为习惯。再举个例子，很多家长希望孩子养成检查的习惯，写完作业要检查、考试做完题要检查，一般我们都会觉得这是一个好习惯。

但我不这么认为，如果孩子想要通过检查来发现错误，以保证自己做题不出错，从而得高分，他就会检查；如果他觉得出错了也无所谓，更想要早点写完然后出去玩，他就肯定不检查。所以，一门考试一个半小时，有些孩子一个小时就做完了，但是他宁愿提前交卷也不检查，是因为他没有养成检查的习惯吗？不是，更可能的原因是，他想通过早点交卷来彰显自己做题快，这才是他的目的。

再比如很多家长觉得放学回到家先写完作业再玩是一个好习惯，所所以就这样要求孩子，但孩子的作业反而越拖拉，越不愿意写，他宁愿在书桌前扣手指玩橡皮也不动笔。是没有养成"先写作业再玩"的习惯吗？并不是，而是因为他现在不想写，和习惯没有任何关系。

所以我建议你不要太把精力放在培养孩子的好习惯上，而且你越是盯着这事、重视这事、要让孩子养成各种好习惯，从而和孩子较劲，孩子越是觉得你越界，亲子关系被破坏，最后的结果反而更糟糕。

我们应该把精力放在培养孩子的健康人格上，人格健康了，作业的事、学习的事孩子自己自然会很好地搞定，当然他可能晚一点儿写，但是肯定能自主完成，哪里需要家长盯着呀。

那有没有习惯呢？有，不需要通过大脑思考和判断你就去做的就是习惯，比如你现在站起来向前走一步，你是先迈左腿还是先迈右腿，这就是你的习惯，这不需要你的大脑做出思考和判断。

有一位学员问：早起喝一杯茶算不算习惯？很简单，如果你不需要思考就冲茶喝，那就是习惯；如果你需要想一想今天要不要喝，那可能就不是习惯。

生活中、学习中大部分事情是需要经过思考再做出决定的，比如晚上要不要阅读、回家后要不要复习今天学到的知识、预习明天的内容、已经晚上10点了要不要睡觉等，所以这些就没法培养成所谓的习惯，我们也就不必执念于培养孩子的这些"习惯"。

+ 总　结 +

很多家长看重习惯，是因为觉得习惯一旦养成孩子就会一直受益，其实并不是这样，孩子做与不做一件事，是以他的目的为判断依据的，如果想达到某一目的，自然会进行相应的行动；目的变了，即便以前培养了所谓的习惯，以后也可能不做。

而且，如果我们太在意培养孩子的某一习惯，如果技巧没用好，而是用强制的手段，那么，很可能会造成亲子之间的冲突，并且破坏孩子做这件事时的感觉，让事情变得更糟糕，这样反而不如顺其自然。

回顾与思考

你以前看重孩子的习惯吗？以后还会用力培养孩子的某一习惯吗？

专题九：家校共育

家校共育，并不是家长和学校一起搞定孩子的学习和作业，而是应该分工明确，各司其职，在此基础上相互配合、相互支持。

我的学员里有一些是老师，幼儿园、小学、中学老师都有，我的很多同学、亲戚也是老师，一些学员也经常找我讨论如何与孩子的老师沟通、回复老师发来的微信，所以我想客观地谈一谈我对老师和家长、学校教育和家庭教育的思考，也就是我对家校共育的思考。

我现在越来越感觉到，我们的学校教育和家庭教育成了矛盾对立的双方，或者说老师和家长成了矛盾对立的双方。

为什么这么说呢？我们国家的中小学教育是以高考为导向的，所以教育管理部门（比如教育局、教委）以学生成绩、升学率为主要依据来评判一所学校的教学水准，于是学校也只能以学生成绩为主要指标来评判一位老师的教学水准。老师背负着这样的指标，就难免加大学生的学习力度、特别重视作业等，一切围绕成绩来。

当一位学生在学习上表现欠佳时，老师往往会给家长施压，比如让家长盯紧孩子的作业，让家长严格控制孩子的手机，因为手机会占用学习时间。但是让家长盯孩子作业、管孩子手机，就必然造成亲子冲突、破坏亲子关系。亲子关系的破坏，可能会影响到孩子的人格，因为人格是在亲子关系中形成的。而我们家庭教育的核心目标，是培养孩子的健康人格，所以这就造成了矛盾。

老师和学校为孩子一段时间内的学习成绩负责；而我们作为家长，应该看得更远，为孩子的一生考虑，我们不应该只关注孩子当下的成绩，更应该放眼未来，关注孩子的人格。所以，作为孩子的家长，我们一定要替孩子扛下老师传递的压力，不因为老师一给我们施压，我们就去收拾孩子。

一位学员给我反馈她和孩子的老师沟通的情况，这位老师因为作业的事情找家长谈话，以那种"盛气凌人"的姿态，要求家长紧盯孩子的作业，家长想和老师再好好讨论一下，但显然老师不想讨论，最后问家长对孩子有什么期待，家长说"希望孩子过自己想过的人生"，老师便不再说话，可能是觉得这位家长"没得救"了。

让孩子过自己想过的人生，我觉得这话回答得特别特别漂亮，我们就是要让孩子成为他自己，过他想过的人生。

同时我们要明白，让孩子过他自己想过的人生，不代表孩子就会放纵下去、成绩垫底、摆烂躺平，肯定不会，因为每一个人都要追求卓越、成为最好，孩子知道自己是一个学生，最主要的任务是学习，他一定会努力学好的。我们越是让孩子成为他自己、做自己想做的事，孩子内心越充实，动力越十足。

但可能有些老师是没办法想到这一点的，因为学校会给老师施压，会考核班级的平均分，会根据平均分来决定老师的奖金。所以我们家长要替孩子抗下这些来自学校和老师的压力，孩子的压力已经够大了，如果我们再加码，就成了对孩子的不信任，孩子的压力会更大，然后，就有可能厌学。

家校共育，不是家校一起来搞定孩子的学习、推着孩子努力学，而是分工协作：家长负责孩子健康强大的人格的培养，学校负责教学，分工明确，各司其职，在此基础上相互配合、相互支持，保证孩子的顺利成长。

我国著名精神分析专家曾奇峰老师说：取得成就只不过是人格健康的附属品而已。蔡元培先生在《中国人的修养》一书中也说：决定孩子一生的不是学习成绩，而是健全的人格修养。根据精神分析心理学的研究，人格是在亲子关系中形成的。所以家长的主要任务是通过良好的亲子关系而让孩子成长出健康的人格，如此一来，当孩子上学了，在老师的教育下潜心向学，取得好的学习成绩也就成了水到渠成的事。

如若家长过度干涉孩子的学习，并因此而破坏了亲子关系，那么，孩子在学习上的表现很可能越来越糟糕。为什么很多聪慧的孩子厌学、拒绝学习？正因如此，非不能也，不为也。

+ 总 结 +

家校共育，家长和老师应该分工明确，相互配合：家长为孩子的人格成长负责，而不过多干涉孩子的学习、作业；孩子的学习应该以学校教育和老师的教育为主。如果家长过多参与到学校教育中来，这就成了"三角恋"，很可能导致孩子在学习上表现无能。

如果在家长的培养下孩子的人格成长得足够健康，那么这个孩子完全可以独自搞定学习的事。

回顾与思考

　　你觉得你更应该为孩子的人格成长负责，还是更应该为孩子的学习成绩负责？

09

常见问题答疑

问题一：不同的教育观点，该信谁的？
问题二：要逼孩子参与活动吗？
问题三：两岁孩子爱打人怎么办？
问题四：孩子被强势者欺负怎么办？
问题五：如何激发孩子学习的内驱力？
问题六：孩子动手打妈妈怎么办？
问题七：要限制孩子看漫画书吗？
问题八：需要让孩子"自己的事情自己干"吗？
问题九：别人培养学霸的经验可以借鉴吗？
问题十：要不要给孩子报辅导班？
结　语

问题一：不同的教育观点，该信谁的？

提问：

我看过一个关于教育的视频，名字叫《刘欢谈女儿后悔不已：把放纵当"静待花开"，是教育中最大的谎言》，里面说好孩子都是管出来的，不要期待孩子自觉，尊重孩子的结果就是孩子长大后的平庸。

视频介绍说，刘欢有一次接受采访，在谈及对女儿的教育时，后悔女儿小时候没有强迫她练习乐器，导致女儿长大后只能羡慕别人多才多艺，而自己却无一技之长。视频里还说董卿小时候父母对她的管教也十分严厉，还给她列出书单要求必须读完，并且摘录精彩语句，董卿在接受采访时说自己小时候很不喜欢父母的严厉，难过得想哭，但现在十分感激父母，她也说成功优秀都是父亲严厉教育出来的，不逼孩子一把，孩子只会越来越放纵自己。

在学习家庭教育之前，我也是认可上面的观点的，现在跟着任老师学完之后，觉得老师的观点也有道理，但是这两种观点是矛盾的，我现在不知道怎样才是对的，请任老师指点。

回复：

第一，先讲个故事。

子贡是孔子的得意弟子，一天早上有客人来请教问题，问一年有几个季节。子贡说一年有四个季节，那人说不对，一年只有三个季节。两人各不相让，于是争执起来。

孔子听到争吵后走出来，问清楚事情的原委，又仔细观察了来人，然后说一年有三个季节，于是客人满意地走了。

客人走后，子贡问孔子：老师，一年明明有四个季节，您为什么要说三个呢？孔子对子贡说：那人一身翠绿着装，他是个蚂蚱精。蚂蚱生于春，长于夏，死于秋，他没有见过冬天。一个没有见过冬天的人，你和他说有冬天，你觉得他会相信吗？

这是一个寓言故事，世界上当然没有蚂蚱精，但故事说明的道理很清楚：一个人的认知是有边界的，对于自己认知边界以外的东西，他是不知道的，也不相信。自己不知道的东西，就以为没有，有一个词专门用来形容这类人：三季人。

自己没有见过的东西，不代表这个东西不存在；自己不懂的道理，不代表不对。

一个只见过棍棒教育的人，不知道"爱和自由"是更高明的教育理念；那些认为"不逼孩子一把，孩子只会越来越放纵自己"的家长，他们不懂孩子天生追求卓越而不是甘于堕落的道理，他们的认知边界就那么大，他们是"三季人"。我们不要受"三季人"的影响，更不要当"三季人"，这是我想说的第一点。

第二，董卿是著名主持人，刘欢是著名歌星，他们都在自己所属的领域取得了很高的成就，但他们并不是家庭教育领域的专业人士。如果你想知道怎样唱歌更好听，可以去请教刘欢；如果你想知道如何成为一个优秀的主持人，可以去请教董卿。但如果你想知道怎样把自己的孩子教育好，我建议你不要太相信他们说的，因为他们不一定专业。

你应该听一听真正的家庭教育专家怎么说，看一看家庭教育专业书籍中所阐述的理念是什么样的。

在我国近代及当代，梁启超是教育孩子最成功的人之一，他的每一个孩子都是国家栋梁，他们一家被称为"一门三院士，九子皆俊才"。如果有机会读一读梁启超关于教育孩子的阐述，读一读梁启超给孩子们写的信，看看人家是怎么谈教育孩子的，我觉得要比听刘欢、董卿说更有参考价值。

还有其他家庭教育专家，比如国内的孙瑞雪、尹建莉等，她们在这个领域已经研究、实践了很多年，她们的观点更科学，更具参考价值。

第三，很多新媒体的内容不足为信，看多了反而会把我们带偏，比如微信公众号文章、抖音短视频等，建议大家少看，甚至不要看。为什么呢？有两点原因：

1. 新媒体的内容，一般都是新媒体编辑写的，他们往往不是这个领域内的专业人士，今天在这个行业做新媒体，就写这个领域的文章，也许过两天又去其他行业了，他们写的东西，你觉得可信吗？（当然不能一概而论，有一些新媒体文章确实不错，作者也很专业）

2. 新媒体，无论是短视频还是微信公众号文章，都是一个一个的内容。但家庭教育是一个系统，是有体系的，一篇短短的文章、一个小小的视频，怎么能讲清楚呢？

如果你真的想学，我建议你多看书，而不是看手机上的文章、短视频。

问题二：要逼孩子参与活动吗？

提问：

马上六一儿童节了，因为只能上网课，老师让每个孩子录一段视频，秀一下自己。班级家长群里立马"八仙过海，各显神通"。

我家娃没有特长，乐器不会，唱歌不敢，我想了好久，想让他朗诵，重在参与嘛，可他就是不干！换作以前，我一定会和他大干一场，逼着他完成我的要求。今天，他说不交这项作业，我也没有再逼他。

但是说实话，我自己什么时候没有交过作业啊！在我的世界里，做得好不好是一回事，交不交作业可是态度问题啊！

所以，此刻的我很纠结，好像回到了接纳的问题上。这样的情况，我是应该努力说服他完成任务，还是同意他的做法？同意了他，我又很痛苦啊！觉得他不思进取！应该怎么办呀？

回复：

人人都会为自己做最好的选择，孩子既然选择了不参加，那么这个选择一定有他自己的道理，是当下最适合他的选择，我们可能一时半会儿并不理解这其中的缘由，但也应该支持。

我自己也遇到过类似的情况，也是儿童节前夕，多米所在的幼儿园也建议孩子们录节目。为了动员多米，老师还专门给我媳妇打了电话，我媳妇也问过多米两次，他都很明确地回答不录，那就算了，我们没有强求。但是为了配合老师，我录了一段祝贺视频发到群里，算是交差，因为老师说家长也可以参与。

第一，我们想一想，老师留的这个作业有什么意义吗？我觉得意义并不大。如果没有疫情，小伙伴们聚在一起过儿童节，学校统一组织活动，那样的话确实有意思。但像现在这样，孩子在家上网课，老师为了所谓的过一个儿童节，就让孩子们录节目发到群里，我真的不知道这其中有什么意义，对孩子有什么好处。

当然我们也不必抱怨老师，毕竟是学校领导要求老师给孩子们留的，老师可能也没办法。那么，如果有些小朋友很积极、乐于配合老师，那很好；如果有小朋友不愿意参与这种事，就完全可以不参与的。

老师为了形式而给孩子们留的这种"作业"，意义不大，那又何必逼着孩子参加呢？

第二，我们一定要和孩子划清界限：孩子自己的事，他自己做决定，咱们不越界，不替孩子做决定。

孩子的作业是他自己的事，是他和学校、和老师之间的事，是学校教育范围内的，咱不插手，最多是提醒、建议，至于我们的建议孩子接不接受，还是由孩子自己来决定。别说这种录节目的作业，即便是文化课作业，他都有权利选择写与不写，因为那是孩子自己的事，我们一定要明白这一点。

只有我们把孩子自己的事交给孩子自己处理，他才能学会为自己负责，才可能自律。如果一个孩子连自己的事情都没有决定权、都要被家长插一脚，那么孩子怎么会自律呢？一个没有自主权的孩子，又怎么会自信呢？

分清哪些是孩子自己的事，和孩子划清界限，我们不越界。

第三，你说"同意了他，我又很痛苦啊"。是这样的，如果你感觉痛苦，是因为没有把这件事想明白，就像你说的，你觉得他不上进，所以你才痛苦。

可是我们好好想一下，不参加节目、不表演就是孩子不上进吗？并不是，他只是不想录节目而已，并不是不上进，是我们加戏了，把一件很小的事放大了。

而且，我们自己的痛苦应该我们自己处理，要找到自己处理情绪的方式，而不是家长痛苦的时候就逼着孩子做事，通过让孩子做事来减轻家长的痛苦。如果那样的话，亲子关系就反了：孩子成了父母，父母成了孩子。这样的孩子承受了太多作为一个孩子不应该承受的压力，会影响孩子的成长。

问题三：两岁孩子爱打人怎么办？

提问：

我儿子现在两岁多一点，长得虎头虎脑，身体比较结实。昨天在儿童乐园里玩，有小朋友挡路，他就直接推倒小朋友。我马上飞奔过去道歉，批评我孩子，可是这样并不管用，这不是他第一次这么做，以前也批评他，他还是这样。

我老公的方法是，当他做错事就吼他或者威胁打他，甚至真的动手拍两下。吼，孩子就用小手堵住耳朵；打，他就哭。我觉得打他不好，倒不是觉得会伤害他的身体，而是觉得这样是在教给他不听就动手打。想听听老师的建议。

回复：

这种事情最好的处理方法是，当时替孩子道歉，简单告诉孩子不可以这样，然后就不再纠缠。等到私下来、没有任何其他事情和情绪干扰的时候，再来和孩子回顾一下当时的情景，以及以后遇到类似的事情更好的处理方式是什么，这个时候孩子更容易沟通。

我们一定要记住，不愉快的事情发生的当时并不是处理的最佳时机，这时我们要克制自己想要教育孩子的冲动，等过一段时间，等我们和孩子都没有情绪了，再来和孩子分析当时的情况，这时的孩子更愿意和我们配合。

当然也有可能这样依然不管用，就像你说的，你儿子可能天性就爱动手，这是他的天性，我们如果引导不了，就接纳吧。孩子在社会化的过程中，难免会碰壁，在不断碰壁的过程中，他就会一点点调整自己的行为，比如他总动手打人，肯定会有一次打别人的时候被对方也打了，然后他自己就会有所体验，慢慢地，最终调整到可以和别人更融洽地相处。

追问：

孩子手没轻重，我觉得这符合"界限"那一课的伤害原则了，也怕管狠了孩子变胆小。我一个朋友的孩子就是，两三岁时爱动手，她爸爸把孩子揍了一顿，结果后来任何人欺负这个孩子她都不敢还手了，只知道哭。

回复：

是的，你说得很对，当孩子影响到别人的时候，我们不能不闻不问，一定要介入。只不过如果当时直接处理的话效果不会太好，所以我们简单插手一下，不要让事情恶化，事后再和孩子认真回顾。

当然可能我们作为家长的面子上有些挂不住，那咱替孩子道个歉，再不济就把孩子抱走，这个事就过去了，因为孩子并不是故意要伤害对方，是对方挡他路了。事后没人的时候再来和他回顾这件事，分析以后遇到这种事除了推倒对方还可以怎么办，也可以在家里演练，你们当那个挡住他的人，让孩子来处理。这样孩子更容易接受，而不是马上严肃地批评他，甚至打他两下。

问题四：孩子被强势者欺负怎么办？

提问：

我儿子几乎每天和几个固定的小伙伴一起玩，其中有个男孩是我儿子的同学，比较强势，昨天发生了这样一件事。

我们几个妈妈带孩子们一起去一块空地骑自行车，因为靠着工地，那儿有个大沙堆，孩子们就去爬沙堆。

玩了一会儿我儿子自己回来了，很不开心，我问他怎么了，他和我说鞋子总掉，扎脚，我就给他弄弄。他又和我说妈妈他们不和我玩，他们笑我，我就说那我们明天穿了合适的鞋再爬。然后其他孩子也回来了，说天黑了再骑骑车就回家了。

这时候那个比较强势的男孩子可能是看错了就去拿我儿子的车，我儿子也去拿。我儿子就说你干吗，那个孩子什么都没说把车子往地上一扔，我儿子就自己弄车子去骑车，和他们分开骑。

回家后我问他为什么不高兴，他和我说，他们在爬沙堆时他的鞋子总掉，那个男孩就把他的鞋子扔下去，还笑他，然后他自己一只脚蹦着去捡。第一回那个孩子说觉得好玩，我儿子说不让扔了，他还扔，我儿子又捡，然后才不高兴来找我的。

我听了心里很难受，他们一起上课外班的老师也和我说尽量别和强势的孩子玩，因为强势的孩子会一直压着我儿子，我儿子就会越来越没有主见。

可是孩子又喜欢有小伙伴玩，像昨天这种情况，我该怎么和孩子说呢？我觉得孩子的心理受了伤害。

回复：

我很理解你的心情，所有家长遇到这样的事情都会难受，毕竟自己的孩子受了委屈，没有几个人心大到愿意看到自己的孩子受委屈。那么遇到这种事该怎么办呢？

首先我们要明白，这种事不是咱孩子的错。孩子受了委屈、心里难过，我们这时一定要先做好接纳，接纳孩子的情绪，和孩子共情，既不去说那个孩子的不对，也不过多安慰自己的孩子，就是接纳。先把孩子的情绪接纳好，这是最重要的。

等孩子情绪转好，可以告诉孩子：你如果还想和他们玩就玩，如果不想和他们玩，妈妈就陪你离开，没关系，妈妈会一直陪着你。如果他觉得和朋友一起玩比受点委屈重要，他就会牺牲自己的一些感受而继续和朋友玩；如果他想离开，我们就陪他离开。

孩子就是在这样的体验中、选择中慢慢地完成社会化过程，慢慢地知道怎么既让自己不那么难受，又可以和别人融洽地相处。至于他要不要和这样强势的孩子玩，他自然会做出选择。如果他总是受到这样的委屈、很难受，他自然会远离那个孩子。如果孩子觉得在一起的时候开心多于烦恼，他可能还会选择继续和那个小朋友玩。交给孩子自己吧，人人都会为自己做出最好的选择。

我们要知道，在孩子成长的过程中，一般情况下，除了爸爸妈妈，外人（包括同学、老师）不会对孩子的人格产生太大影响，外人可能会影响孩子一时的心情，但不会影响孩子的人格。

而且我们要有准备，孩子在成长过程中，以及一生当中，总会遇到各种各样的挫折、困难，就像那个同学总是对他不友好、让他很难过，这很正常，以后，孩子可能还会遇到更多的、更严重的困难和挫折，甚至是不公平的待遇。

这些挫折，任何一个孩子在成长的过程中都会遇到，我们没有必要让孩子远离挫折，而是问题发生时做好接纳，接纳好孩子的情绪。这样孩子就明白，妈妈的怀抱永远向我敞开，我可以从妈妈怀抱里得到力量。然后，他就会"满血复活"，有足够的力量去克服掉那个困难，这就是成长。

同时，解决"孩子被欺负"这种事情的关键，不在于我们面对这件事情的当下如何处理，而在于平时我们和孩子如何相处。

如果我们平时对孩子就是接纳的、欣赏的、陪伴多、相信他，那么，孩子的人格一定很健康、强大，慢慢地随着孩子的成长，别的小朋友一定愿意和我们的孩子一起玩，甚至听从他，不再那样对他，因为他乐于助人、积极阳光。他可能偶尔还会遇到一些不公正的待遇，但是总体来说他一定会比较幸运，不会总有这样的事情发生。

其实你儿子正在面对的这种情况，我儿子多米也遇到过。

多米最好的两个伙伴都比他大半岁，起初他们在一起玩，多米总是被他们"收拾"，他年龄上小半年，个子又小，所以基本上一直就是被"欺负"的对象。每次他哭了，我和他妈妈都会很好地接纳，多余的话一句也不说。平时我们和孩子相处，也是我在书中讲的那些关键词，我们实践得很好。

所以他早早地就知道：如果不开心，就自己没有顾虑地离开；小伙伴提出来的游戏，他如果不想玩就不玩，不为难自己；多米自己提出来的游戏别人不玩，他就自己玩。他很有主见，也不会被别人牵着鼻子走，也不会为了和别的小朋友在一起而让自己很受委屈。

现在随着孩子们越长越大，我越来越发现，多米慢慢地成了里面的主导者，那两个小朋友不再"收拾"他，相反他们现在很愿意听多米的，小区里也有很多小伙伴愿意和多米玩，他们大部分情况下玩得都很愉快。

所以，事情的关键不在于那一件事如何处理，而在于我们平时如何和孩子相处。

问题五：如何激发孩子学习的内驱力？

提问：

我想不通的一点是，现在的孩子怎么都没有一点着急的感觉呢？难道是因为我们父母给他们的生活太安逸了？我们没有给他们一种生活的紧迫感吗？现在的孩子，我感觉根本就没有半点学习动力，学习对他们来说真的就是为了完成任务，这也是我最近在思考的一个问题，高中学生到底怎么样才能激发他们的学习内驱力？还请任老师再给我们指导指导。

回复：

"现在的孩子怎么都没有一点着急的感觉呢？"你的这个观点，我不太赞同，我不认为他"根本就没有半点学习动力"。其实孩子大多数时候都是在积极配合老师学习的，比如他们每天按时上学、不早退、上课听讲、写作业，等等，只是我们没有注意、没有关注这些，我们的关注点只放在孩子不着急不用心的时候了，所以就片面地以为孩子不着急不上心，没有半点学习动力。

我们可以做一个类比，你一定有过这样的经历，手上有一处伤口，接下来的一段时间你会发现，当你做事时总是会碰到这个伤口，让你更疼。这时你可能会想：怎么最近这么倒霉，哪儿也不碰，只碰这个伤口。其实并不是，真实的情况是哪儿都碰，但是碰到其他部位时你并没有留意，只有碰到伤口时你才留意到，因为这让你更疼。

一样的道理，并不是孩子不着急、不上心、没有半点学习动力，而是你没有留意他着急上心的时候，以前你的眼睛尽盯着他"不着急"的时候了。你要做的就是睁大眼睛去观察、去发现孩子表现出学习动力的时候，然后告诉他、肯定他、欣赏他。

至于最后问的这句："高中学生到底怎么样才能刺激他们的学习内驱力？"我是这样想的——

人的内驱力是天生的，出生即拥有，根本不需要刺激和培养，只要不破坏，它就会表现出来，比如说，汉语这么难的语言，孩子用不了三年就完全会说了，这是自发的，我们使劲教孩子、刺激孩子让他学了吗？并没有。

我曾经与我的学员们讨论过一个问题：人为什么要学习？最后我们得出来的结论是：没有原因，学习是人的本能和天性，你不让他学都不可能，每一个人、每一个孩子天生就有学习的内驱力。

为什么有些人、有些孩子表现得不学习了呢？因为他学习的内驱力被破坏了。

哪些东西会破坏内驱力的表达呢？比如说：你总是提前上心、着急，给孩子计划、安排他自己的事，孩子做得不好的时候你不接纳反而批评他，提前让孩子学很多东西，孩子多玩会儿手机你就是不同意，太看重孩子的成绩或者孩子的学习，等等，这些事情都是破坏。

总结起来就是你越界了，你插手了本该孩子自己做的事，所以孩子就不需要表现出他的上进心。以后，你从孩子的事情中撤出来就好。

问题六：孩子动手打妈妈怎么办？

提问：

最近一次冲孩子发脾气是昨天，值了一晚上夜班临近中午回到家，看了一下孩子的语文作业，发现需要拍照提交的不多，就想让他早点做完发给老师，因为前两周他作业没有在晚上 7 点前交给老师，老师天天在群里点名。

中午他有两个小时休息时间，吃饭的时候慢慢腾腾，差不多用掉了一个小时，我忍不住催他赶紧做作业，结果下午上课开始了，我去拍作业准备上传，发现他有一页还是空白，我就有点生气，但没有发火，问他为什么没做，他倒先发火了，就找了一堆理由，说怎么可能中午做完，而且他的理解是这一页可以不做。

我忍住脾气告诉他，既然他不做，我就如实拍给老师，顺便备注一下，最后一页我们选择不做。他可能怕老师批评，一下子害怕了，就很生气地说我：你为什么这么犟？

可能是我一夜没睡，加上之前虽然没有发火，但是确实也生气了，我就没有控制住自己，坚持说：我告诉你了下午上课我会提交作业，你做成这个样子，态度又不端正，我要如实把作业拍给老师。

他就把我的手机抢走了，因为正在上下午的网课，我就让他认真听课，把手机还给我，他不干，我就把手机夺走了，然后，他竟然对着我的手臂打了一下，我当时觉得他不止学习态度不端正，还不知悔改，甚至这么小小年纪就打妈妈，于是也对着他的手臂狠狠打了一下。

然后，下午这节课也没有上成，作业也没有发成，两个人还闹成这样。

我当时觉得很难过，觉得一个孩子，可以学习不好，但不能学习态度这么差，更不能这样对待父母，是不是我太固执了？现在回头看，昨天的事情两败俱伤，我的处理方法肯定有问题。

但是，我现在想想还是觉得很生气，并不是因为作业没有完成，如果他态度端正点，跟我说没有做完，晚一点会好好做，我会考虑晚一点发给老师。我生气的是他对学习态度不端正，甚至动手打我，这是我不能容忍的，想听听任老师的意见。

回复：

首先我们要明白，作业是老师留给孩子的作业，不是老师留给家长的作业，也不是老师让家长留给孩子的作业。作业属于学校教育的范畴，和家长没有关系，顶多我们帮孩子上传一下。但其实这孩子已经九岁了，他完全可以自己写完后自己上传，都不需要家长帮忙。

"看了一下孩子的语文作业，发现需要拍照提交的不多，就想让他早点做完发给老师"，这就成了家长想让他早点做完发给老师，本来孩子自己的事，这个时候家长就越界了，没有和孩子划清界限。

当然家长这么做也有理由，"因为前两周他作业没有在晚上 7 点前交给老师，老师天天在群里点名"。老师在群里点名，家长就有了压力，因为扛不住这个压力，于是就希望让孩子早点写完，这样老师就不会点家长的名，家长就没有压力了。

要知道，有些压力，是需要我们替孩子扛下来的，我们不能一有了压力，就把这份压力传给孩子。心理学家贺岭峰说：作为孩子的家长，我们总得替他们扛点什么吧，要不人家为什么叫咱一声爸妈呢？所以这个压力我们应该自己消化，而不是把压力直接传递给孩子。

最后这位伙伴说：我现在想想还是觉得很生气，并不是因为作业没有完成，如果他态度端正点，跟我说没有做完，晚一点会好好做，我会考虑晚一点发给老师。

如果咱们有机会采访一下孩子，让孩子完整表达一下他的心理活动，他很可能会说：我现在想想还是觉得很生气，明明是我自己的事，我妈非在那说，非要让我快点写，下次我还这样、还不写、还气她。

我们可以想一下孩子会不会这么想，这就是换位思考。不是孩子的态度不端正，而是我们的界限不清晰、我们总干涉孩子的事。

有一个公式：表现 = 潜力 – 干扰。我们对孩子的干涉，比如"就想让他早点做完发给老师"，就是对他的干扰，有了干扰，孩子的表现肯定会受到影响。

"我生气的是他对学习态度不端正"。我是这么理解这件事的，本来孩子学习态度挺端正的，你一插手、你一越界，人家就不乐意了，所以故意不端正给你看，就是这样子，并不是他的态度不端正。

再说一说孩子动手打妈妈。

我们可以想一想，孩子最爱的人是谁？一定是他的妈妈。我们舍得打一个我们最爱的人吗？我想我们都舍不得吧。为什么这个孩子动手打了他最爱的妈妈呢？一定是被逼急了呀。就像是我们平时也舍不得打孩子一样，除非我们被逼急了才会打他。孩子也是一样，他之所以打了你一下，是被你逼急了。

这是一个信号，说明你当时的处理方式让他很不痛快，这是我们需要反思的一个信号。以后我们不再这样对待他，他自然不会再动手打我们。

所以这件事，怎么解决呢？很简单，作业是孩子自己的事，咱和孩子划清界限，不要插手不要干涉就可以了。上了一晚上的夜班，一定很累了，那就别去看孩子的作业，早点休息，把自己照顾好。

问题七：要限制孩子看漫画书吗？

提问：

我的孩子还没有自己读书的习惯，总是依赖我去给他讲给他读。而且有时候我极其反对孩子看漫画、脑筋急转弯这类书，感觉没有任何意义，请问老师，有必要限制孩子看这样的书吗？

回复：

"我的孩子还没有自己读书的习惯，总是依赖我去给他讲给他读"。要知道每个人的阅读兴趣，都是从听爸爸妈妈给他读书开始的，不管孩子现在几岁，只要是他愿意让我们给他读，这就是很好的兆头，说明孩子对阅读有兴趣，我们应该为此而高兴，我们应该开心地给孩子读下去。

可能有些家长觉得这样不好，或者懒得给孩子读。这样想就错了，我一直都建议大家享受给孩子读书的过程，孩子坐在你的旁边，或者坐在你的腿上，专心致志地听你读。想一想这个画面，这是多么美好的时刻啊，这是多么美妙的陪伴。

孩子享受的，不仅仅是书里的内容。我们安静地、耐心地、温柔地给孩子读书，这种和孩子相处的方式，同样也是孩子成长的心理营养。

以后呢，不要再把给孩子读书当成一种负担，心里总想着快点让他自己读，而是把它当成老天赐给你的、让你好好享受的一份礼物，这份礼物，是有有效期的，用不了几年，孩子就不需要你读了。那时候再回头想想，可能你会怀念现在他坐在你怀里、缠着你让你给他读书的时光。

"有时候我极其反对孩子看漫画、脑筋急转弯这类书,感觉没有任何意义"。我们不能以成年人的功利心态去评判孩子读的书有没有意义,无论是什么书,即便是在我们看来很没有营养的这种漫画书,只要当下孩子爱看,那么对于他来说就是有营养的,就是当下最适合他的书。

孩子的阅读一定是从他感兴趣的书开始的,而不是从我们觉得对于孩子有营养的书开始的。相比于内容,孩子阅读时的心情和感受才是更重要的。

我们可以推荐给孩子一些书,但是不能强制要求他们读或者不读什么书,这会破坏孩子的阅读兴趣,破坏孩子对书的感觉。只要孩子的阅读兴趣在,他不可能一直看漫画、脑筋急转弯,他迟早会涉猎其他领域。我们要不打扰,不着急,耐心等待就好。

问题八：需要让孩子"自己的事情自己干"吗？

提问：

早上我儿子起床时让我给他拿垃圾桶，他要吐痰，我说："你又不是不会走路，自己下来吐，就算保姆也不可能这样伺候你。"后来我就自己走开，跟他说我要吃饭去了。

过一会儿他又喊："妈妈，妈妈。"我又走过去，他已经穿好衣服了，站在床上还让我给他拿垃圾桶，而垃圾桶离他只有两步路。

这次我真的生气了，我说："哪有你这样的人，你这也太过分了。"然后气冲冲地走开了，后来他过来吃饭我也不理他，他早饭只吃了一点点，埋怨我不给他拿垃圾桶。

我说："你刚学会走路的时候都知道东西要丢到垃圾桶里，现在都十二岁了怎么这样？"他说刚开始他还没有穿衣服，其实那时他穿着睡衣，完全可以下床的。我想是不是最近对他太好了，导致他没底线了？请老师指导。

回复：

我的建议是，如果孩子让我们帮忙干点什么，我们就痛痛快快地帮孩子干，因为用不了多久孩子就会离开你，你以后想有这样的机会可能都没有了，孩子需要我们帮忙的时间，就这么短暂的几年。

可能大部分家长不帮忙的原因是觉得这样太惯着孩子了，担心这样会把孩子惯坏了，孩子应该自己的事情自己干。就像前面说的："你刚学会走路的时候都知道东西要丢到垃圾桶里，现在都十二岁了怎么这样？"

我想告诉你，孩子就是这个样子的。如果他所有自己的事情都能自己干，那他还要我们家长干什么呀，我们凭啥当他的家长呢？

孩子的成长是在反反复复中进行的，有倒退是很正常的，没有倒退才是不正常的。比如，他学走路的时候虽然还走不利索，但是不让我们抱，他一定要自己走，你去抱他，他就挣扎着要从你怀里下来。但是当他学会走路了，你会发现，他反而不愿意自己走了，他会说"妈妈抱、爸爸抱"。这是他被宠坏了吗？不，这就是孩子，孩子就是这个样子。

我们常说我们爱孩子，我们愿意为了孩子付出一切，乃至我们的生命。很多母亲很伟大，孩子的肾坏了，就把自己的肾换给孩子。这样的爱太沉重了，孩子承受不起。孩子想要的爱是什么呢？就是日常生活中我们给他的小幸福，比如他需要我们帮他递垃圾桶的时候，我们能及时地、愉快地递给他。

我们总说爱孩子，但是连一个垃圾桶都不愿意递给他，这是爱吗？《爱的五种语言》的作者盖瑞·查普曼发现，人们表达爱的方式，可以大概分为五类，分别是：肯定的语言、精心的时刻、送孩子的礼物、服务的行动、身体的接触。

盖瑞·查普曼专门指出了"服务的行动"，什么是服务的行动呢？就是孩子需要我们帮他的时候，我们就帮他，给孩子服务。比如二十岁的孩子说，妈妈能不能帮我递杯水？我们给孩子递过来。八岁的孩子说，妈妈今天帮我穿衣服，我们帮孩子穿衣服。三岁的孩子说，我走不动了，妈妈抱，我们抱起他走。还有这个孩子说的，妈妈帮我递一下垃圾桶，我们帮孩子递过来。

"我想是不是最近对他太好了，导致他没底线了？"这个真不叫没底线，而是我们心眼太多了。这就是一个帮忙的事情，我们不用加这么多心理活动，也不用担心这样会惯坏孩子，这不是惯他，这是我们正常表达爱的方式。

什么事情会把孩子惯坏呢？当孩子做了可能会妨碍别人的事时，我们虽然看到但是什么都不说，纵容他做，这会惯坏孩子。比如两个孩子打架，你的孩子打赢了，你见自己孩子没吃亏，就什么都不说。这种行为可能会把孩子惯坏，孩子以后可能要吃亏的，正常地爱孩子是不会惯坏他的。

那么，面对孩子的这种需求，我们必须都满足他吗？可以拒绝吗？当然可以拒绝，你只需要说：抱歉，我现在心情不好，我不想递给你，你还是自己取吧。这样就足够了。

你有权利决定要不要帮助孩子，但不要因为你不想递而评判孩子这个需求不对，不要因为你不想给他递而找一个理由去批评孩子，比如说"你又不是不会走路，自己下来吐，就算保姆也不可能这样伺候你""哪有你这样的人，你这也太过分了"。不要牵扯到孩子，咱就说"抱歉我现在心情不好，我不想递给你，你自己取吧"，然后转身走开，这就足够了。

问题九：别人培养学霸的经验可以借鉴吗？

提问：

我老公有个哥哥，也就是我家两个孩子的伯父，人家把儿子教育成了学霸，今年中考，模拟考了全校前五名，预计中考能考进全市最好的高中。

小时候，伯父家的孩子学得不好免不了挨打挨骂，字不会写得罚抄，然后这孩子就越学越好了。小升初时进培训班、刷题，成绩考得不错，最后上了现在这所不错的初中。

伯父认为不逼孩子一把是不行的。现在，伯父家的哥哥很自律，会规划自己的时间，假期时，一早就起床运动，然后吃完早餐就学习，晚上也早睡。哥哥现在很努力，让他少学一下他都不肯。初一初二的假期，别人在玩，他都用来提前学，把整个初中的课程都学完，初三就留来做复习，所以才有了现在的好成绩，将来，哥哥的目标是学医，成为专业人士。

所以我老公就说：你看，我哥哥的儿子牛吧！小时候少不了打骂，少不了逼迫，不逼一把不成器，所以我们的孩子也要这样。

老师，是这样吗？我现在也疑惑了。

回复：

庄子写过一篇文章叫《秋水》，里面的河神没见过大海之前，以为自己的河是最大的，觉得自己最了不起，直到见了大海，才发现自己的渺小。为什么呢？因为河神之前没见过更大的世界。

很多人也是这样的，见识不够广阔，只知道自己见过的世面，不知道还有更大的世界，而且还不愿意走出自己的一亩三分地去外面看看，以为自己见到的就是全部世界。像你老公，只看到了他哥哥家的情况，就以为这就是真理，孩子就要这样管，只有这一种方法才可以把孩子教育好，必须少不了打骂、少不了逼迫，不打不成器，这就是他的认知。

其实呢，但凡他愿意多看一看更多的家庭如何养育孩子，多看两本书，都可能打开自己的世界，甚至颠覆原来的认知。

而且，其实你老公只是看到了一个偏面而已，只见到了他哥哥会打孩子、罚抄写，并没有看到全貌，比如：人家的夫妻关系怎么样，人家平时陪不陪孩子玩，人家自己有没有给孩子树立一个好榜样，当孩子一次考试没有发挥好时人家是怎么接纳孩子的，等等，这些事情你老公并没有看到，只看到了他哥哥也打、也罚，就以为找到了诀窍，只认这个理。至于那些真正的教育家的著作，他读都不愿意读一下，这就是问题的症结。

我坚定地相信，孩子根本不需要被打骂、被罚、被逼迫，只要孩子的人格健康，我们不过多干涉孩子自己的事，让孩子天然的生命力得以自然表达，孩子照样可以轻松搞定学习这件事，照样也可以自我绽放。

问题十：要不要给孩子报辅导班？

提问：

昨天我看到一个常青藤爸爸的视频，讲的是谷爱凌的教育成功之道，也想起他以前的一些视频，加上我和老公在教育上的分歧，以及我们两个人各自的人生轨迹，想和您探讨一下。这位爸爸大概的意思是，我们不能只有"爱与自由"的部分，还要有那种对孩子奋力的托举，那些坚持、吃苦等，随缘是竭尽全力之后的随缘。

我觉得他说得也挺有道理，他提倡的还是要课外辅导，比如奥数。他之前还举过一个例子，一位课外班的老师因为双减丢了工作，一个公司的老板赶紧高薪聘请过来，他的工作就是专门给自己的孩子辅导功课。

我现在基本不看孩子的作业了，作业做没做完我也不问了，让他自己安排。他可能会说我先玩会儿"狼人杀"，然后开始写某个作业，然后再玩十分钟卡片，然后再做什么作业，其实安排得也不错。不过有时候安排好了但是执行不到位，比如狼人杀打算玩十分钟，但是十分钟到了，那局还没完，他就会接着玩，还是要去提醒一下，不提醒可能会玩四十分钟。

有时候我也很矛盾，把主动权给他，他不能按照安排去做的时候，我也告诉自己，需要时间，不过我就怕他积累了太多失败的经验，然后习惯性失败了。您家多米现在还没有上小学，我不知道上了小学之后，会不会也有一些观念上的转变。

回复：

首先我觉得你要和我探讨的这个问题，真的很有水平，我相信很多家长都会有这样的困扰。

我认为，用谷爱凌的事迹来举例分析，可能本身就不恰当，要知道她是世界冠军，这样的人一定是带着极高的天赋出生的，这样的世界第一每个领域都有，比如钢琴领域的郎朗，物理领域的爱因斯坦，篮球领域的迈克尔·乔丹，足球领域的梅西。每个领域里，都有那么最厉害的一两位，别人再怎么努力都无法达到人家的高度，没办法，人家就是有着这个方面极高的天赋。

如果研究这些世界第一，甚至世界唯一的人的成长轨迹、家长对他的教育，可能我们会更乱，可能都没有规律、千差万别。这些人中，有些人是这样被教育的，有些人是那样被教育的。当然，要想成为世界第一，一定要付出巨大的努力、家庭也必须付出很大的努力，这个是肯定的，再好的天赋，要想成为世界第一，也需要大量的努力。

但是我觉得真不应该拿这些太特殊的个案来说事，因为这种事、这些人本身就不可复制。

谷爱凌，一场冬奥会取得两金一银的成绩，在学习上还那么牛，这是蝎子粑粑——独一份，全球七十亿人只此一位。对于咱一个普普通通的小老百姓而言，没有必要向人家的家庭学习，当然可能学也学不会。

我们的孩子，正常情况而言，就只是一个普通的孩子，当世界第一、世界第二的可能性并不大。但同时，即便是一个普通人，照样可以做出伟大的事业，照样可以生活幸福。举个不恰当的例子，我自己，虽然我是无名小卒，但是我觉得我现在做的这个家庭教育事业非常伟大，并不比谷爱凌的世界第一差，我非常热爱我的事业，我也帮助了很多人，而且生活也很幸福，我很满足。如果我的孩子以后也像我这样过着普通的生活、做着自己认为有价值的事业，我就很欣慰了。

为什么很多做教育的人会拿谷爱凌、郎朗来说事呢？我觉得更多的原因是他们为了蹭热点。当然我这么说可能有一些"以小人之心度君子之腹"的味道，但做新媒体、短视频就是这样，大家都在追热点，不追热点怎么涨粉丝。

回到这位常青藤爸爸的观点上来：还要有那种对孩子奋力的托举，那些坚持、吃苦等，随缘是竭尽全力之后的随缘。

我们当然要奋力托举孩子、用很大的精力去养育。但是，我不赞同所谓奋力的托举，就是给孩子报班，以及用小鞭子逼着孩子坚持、吃苦，我不认为孩子只有报班、逼着他吃苦才能学得好。不报班的孩子、在学习中没有因为父母的逼迫而体会到痛苦的孩子，照样可以学得很好，这一点我坚信，而且我看到过太多这样的孩子。

"一位学而思的老师因为双减丢了工作，一个公司的老板赶紧高薪聘请过来，他的工作就是专门给自己的孩子辅导功课"。我也不觉得这样的做法可取，我也不觉得如此操作以后，这个老板的孩子的学习情况肯定比不请这位老师好出多少。

我坚信两点，前面的章节也提到过：1. 取得成就只不过是人格健康的附属品而已；决定孩子一生的不是学习成绩，而是健康的人格。2. 每个孩子都有学习的兴趣和能力，他们自己就可以搞定这件事。

这两点我坚信，所以在对待孩子学习这件事情上，第一，我不会太重视，我更看重的是他健康的人格、我们良好的亲子关系，而不会被眼前一两次考试左右；第二，我相信我的孩子自己就可以把学习的事搞定，毕竟他的智商不是特别低。多米现在没有上小学，没有遇到过考试、写作业的问题，即便他上了小学，我的这些信念也不会动摇，因为我足够坚信。

我当然也会奋力托举他，但我托举的方式，一定不是给他报学而思的班、奥数班，不是逼着他坚持、吃苦。

我会睁大眼睛发现他的闪光点、发现他一丁点的进步，从而欣赏肯定他；我会在他需要我陪他玩的时候完全投入地陪他玩，让他体会到亲情的美好；只要他需要，我会每天陪他亲子阅读，我会每天晚上睡前给他讲故事；当他出错的时候我会告诉他没关系不要怕这很正常，爸爸小时候也经常出错；当他做得不好的时候我会耐心给他足够的时间等他一点一点把事情做得越来越好；我会永远毫无理由地相信他，我会尊重他的意愿、放手支持他的决定并且给他托底，告诉他即便再糟糕，爸爸妈妈都可以养你；我会用心经营我和我媳妇的关系，我会努力工作发挥我的社会价值……这是我奋力托举我孩子的方式。

当然一些家长在孩子愿意学、经济条件允许的前提下，给孩子报少数的几个课外学习班，我也是赞同的。可能以后多米也会让我给他报，如果经济条件允许我也会给他报。但那一定是他主动提出的，而且那也不是我奋力托举他的主要方式，只不过是一个小小的补充而已，可有可无。

回到你们家孩子的情况上，从你的描述中可以看出来，在你的信任、不干涉下，孩子已经有了很大的进步。就像你说的："他可能会说我先玩会儿'狼人杀'，然后开始写某个作业，然后再玩十分钟卡片，然后再做什么作业，其实安排得也不错"，这些进步，是需要我们用心发现并告诉他的，孩子在我们一次一次的肯定中会越来越自律越来越优秀，这是铁定的事。

如果孩子每天都能听到你对他的肯定，而且这些肯定都是事实，你并没有虚伪地说一些假大空的话，那么，孩子怎么可能会"习惯性失败"呢？他一定会越来越自律，越来越优秀！

结　语

我们现在越来越重视教育，一方面我觉得这是好事；另一方面我也有些担心，为什么呢？因为很多家长重视教育的表现，是给孩子加码，报更多的课外班，买更多的学习资料，重视孩子在学习上的表现，对孩子管得更严。

如果有人告诉他不要这样，他会反驳：大家都在卷，别的孩子都在拼，难道我什么都不做吗？难道我什么都不管吗？难道你要我完全放养吗？我可不敢拿我的孩子做实验。

事情并不是非黑即白，我们养育孩子当然要花很大的精力，当然不能完全不管完全放任，但也要有所为有所不为。

我们要围绕培养孩子的健康人格这一核心目标，用十分的精力来养育孩子，把这十分的精力用在每天用心发现孩子的闪光点并欣赏肯定孩子上，用在耐心接纳孩子的情绪上，用在花时间全身心陪孩子玩耍上，用在耐心倾听孩子上，用在坚定地相信孩子上，用在放手让孩子决定自己的事情上，用在每天陪孩子亲子阅读上，用在通过"情绪管理ABC"梳理我们自己的情绪上，用在给孩子做一个好榜样上，用在花点心思关心爱人上……

你可以看到，这里并没有太多教育的"味道"，我们要放下"我要教育好孩子"这样沉重的负担，孩子不太需要我们教育，甚至都不太需要我们的引导，我们做好了上面这些，平日的生活中如此和孩子相处，孩子就会成长出健康而强大的人格，他自己的事情自然能轻松搞定，因为取得成就只不过是人格健康的附属品而已。

很多家长并不是不重视孩子的教育，也不是不重视家庭教育，而是把精力用错了地方，给孩子报了大量的辅导班，或者整天盯着孩子的学习、教孩子写作业，或者想各种办法控制孩子玩手机玩游戏，就是不去找孩子的闪光点，就是不用心陪孩子玩玩枕头大战，就是要越界干涉孩子自己的事。力气用错了地方，所以效果就不好，孩子就会出问题，反抗、闹情绪、不用心学习等。

当我们把这点悟透了、明白了，你会发现，原来家庭教育真的可以很简单很轻松，每天家里欢声笑语，孩子各方面表现都很好，因为他们天生具足，而且追求卓越。

很多家长想要学到实用的教育技巧和方法，我有时候和一些家长沟通，他们会对我说"你就直接告诉我怎么做"，我也经常在手机上看到类似这样的视频："这四个方法用好了，你的孩子一定会爱上学习。"我越从事家庭教育，就越发现哪有什么方法技巧，全都是理念，全都是观念。如果我们看重的是技巧和方法，就会仍然想着要"搞定孩子"；当我们的观念转变了，抓住了事情的核心和本质，可能什么都不需要做，孩子都会成长得很好。

当你抓住了"培养孩子健康人格"这一家庭教育的核心和本质，你会发现教育好自己的孩子是如此轻松、简单、愉悦，你会感受到养育孩子带给我们的无与伦比的欢乐。

而孩子，也会盛开、绽放。

致　谢

作为一个普通人，能出版一本书并且这本书还有可能给很多人带来帮助，这让我非常激动，但同时我也很清楚，这本书并不是我一个人的功劳，而是很多人的智慧和努力的结晶，所以在最后，我要向这些人表达我最真诚的谢意。

首先，我要感谢给我指导的家庭教育和心理学的前辈专家老师们，包括但不限于尹建莉、曾奇峰、孙瑞雪、李跃儿、黑幼龙、孙云晓、海文颖、王东华、王芳、武志红、李雪、赖宇凡、顾淑伟，以及国外的蒙台梭利、劳伦斯·科恩、海姆·G.吉诺特、麦道卫、本·富尔曼等。

虽然我并没有与各位前辈老师当面沟通请教过，但正是你们的书籍、课程、思想指导了我，学习、阅读你们的作品，才得以让我对家庭教育的研究更加深刻和全面，我几乎所有的家庭教育理念都是基于你们的思想整理而成，所以特此感谢。

其次，我要感谢我的学员们，你们不仅给本书提供了大量丰富的真实案例、学习心得，而且与你们的沟通交流也让我学到很多很多，让我对家庭教育在实践中的应用体会更深刻，更能了解真正困扰家长的是什么，更能理解家长的难处与不容易，发现有些问题根本就不是一个妈妈所能解决的，她们有时候并不需要被指导，而是需要被倾听、被理解，相对于指导，我更应该给到她们力量、信心。

这些，都是你们教会了我，也让我更加坚定了我的使命和信心，在此真心感谢你们。

再次，我要感谢我国成千上万位用真心坚持家庭教育事业的老师们。这是一份伟大的事业，但是因为种种原因，当前情况下，这份事业给我们带来的经济回报可能并不太高，很多老师都是在用情怀坚持，非常不容易。

我想说，正是因为你们的付出，越来越多的家长才会重视家庭教育，他们的教育理念才得以提升，越来越多的孩子才会因此而受益。能和你们一起并肩作战、为我国家庭教育事业的发展出一份力，是我的荣幸，谢谢你们。

另外，我还要特别感谢对本书的出版给予帮助、付出努力的伙伴。

感谢尹建莉老师，尹老师不仅是我在家庭教育专业上的导师和前辈，当本书完稿之后，尹老师还无私地向我推荐了她的《好妈妈胜过好老师》和《最美的教育最简单》两本巨著的合作编辑郑建华，并对出版一本书的注意事项给予了我耐心的指导。

感谢本书的策划编辑郑建华，郑老师是我见过的家庭教育领域最权威的出版策划人，曾策划出版过多部家庭教育畅销书，其对内容的考究、对流程的把控、对读者心理的把握都非常专业。

感谢本书的责任编辑夏宁竹，夏老师是对本书的出版付出精力最多的人，包括稿件的编辑、封面的设计、流程的推进等，大量工作都是由夏老师完成的，她的专业能力、敬业态度和积极乐观让我非常佩服。

没有你们的支持和付出，就不可能有这本书的顺利出版，谢谢你们。

最后，我要感谢我的家人，我的爱人、我的父母、我的两个孩子。对于我来说，做家庭教育并不容易，因为我并非教育学和心理学专业出身，我大学和研究生读的都是生物技术专业，从事家庭教育是在机缘巧合下"半路出家"，所以做好这份事业的难度可想而知。虽然很艰难，但是你们却从来没有否定过我、打击过我，而是一如既往地给我各种支持和鼓励。如果没有你们，我就撑不到现在，我身上的力量、给到别人的爱和温暖，都是你们给我的，谢谢，我爱你们。

一本书的内容有限

无法覆盖所有孩子成长的问题

欢迎扫码关注我的公众号

我会持续输出新的思考文章、分享真实的案例

相信这些一定会对你有所帮助

图书在版编目（CIP）数据

大教至简：养育人格健康强大的孩子 / 任小巍著 .—北京：作家出版社，2024.2

ISBN 978-7-5212-2682-9

Ⅰ.①大… Ⅱ.①任… Ⅲ.①家庭教育—儿童教育 Ⅳ.① G782

中国国家版本馆 CIP 数据核字（2024）第 001696 号

大教至简：养育人格健康强大的孩子

作　　者：任小巍
统筹策划：郑建华　李　雯
责任编辑：夏宁竹
装帧设计：青研工作室
出版发行：作家出版社有限公司
社　　址：北京农展馆南里 10 号　　邮　　编：100125
电话传真：86-10-65067186（发行中心及邮购部）
　　　　　86-10-65004079（总编室）
E-mail:zuojia@zuojia.net.cn
http://www.zuojiachubanshe.com
印　　刷：三河市北燕印装有限公司
成品尺寸：165×240
字　　数：235 千
印　　张：20
版　　次：2024 年 2 月第 1 版
印　　次：2024 年 2 月第 1 次印刷
ISBN 978-7-5212-2682-9
定　　价：55.00 元

作家版图书，版权所有，侵权必究。
作家版图书，印装错误可随时退换。